어린이 문화 운동사

일러두기

• 이 책은 〈개똥이네 집〉 53호(2010년 4월)부터 90호(2013년 5월)까지 '어린이 문화 운동사'에 연재한 글과 93호(2013년 8월), 94호(2013년 9월)에 쓴 글을 모은 것입니다.

• 지금과 달라진 내용과 글을 다듬고, 책의 구성에 맞게 글의 순서도 바꾸었습니다.

어린이 문화 운동사

이주영 글

보리

새 세상을 기다리며

'어린이' 참 귀한 말입니다. 부를수록 더 새로운 뜻으로 다가오는 말입니다. 세계 어느 나라 말에서 나이 어린 사람을 이보다 더 높여 부르는 말이 있을까 싶습니다.

어린이라는 말은 17세기 문헌인 《경민편》(김정국이 1519년에 쓴 것을 이후원이 1658년에 언해하여 펴냄)에 처음 등장한 뒤로 아주 가끔 문헌에 나타납니다. 그러나 이 말을 우리 사회에 널리 퍼지게 하고, 중요한 뜻을 담은 말로 살려 낸 사람은 1920년대 소년 운동을 시작한 사람들입니다. 소년 운동가들 가운데 방정환 선생님은 소년이라는 말 대신에 어린이라는 말을 살려 쓰기 위해 애썼습니다. 수많은 글에서 어린이라는 말을 쓰고, 〈어린이〉라는 이름으로 잡지를 펴냈습니다.

아마 '어린이 운동'이라는 말이 무척 낯설게 들리는 사람들이 많을 겁니다. '어린이 문화 운동'이라는 말도 익숙하지 않은 사람들도 많을 겁니다. '어린이 해방 운동'이라고 하면 더 이상하게 생각할 것 같습니다.

'요즘 애들이 제멋대로인데 무슨 해방이야? 어린이 문화라는 게 왜 특별히 필요해? 어린이 운동이라니, 코흘리개 애들 데리고 뭐하자는 거야?'

이렇게 고개를 갸웃거릴 사람들도 많을 것 같습니다. 열여덟 살이 안된 어린이들이 하루에 몇 명씩 스스로 목숨을 끊고, 사고로 죽어 가는 나라인데 말입니다. 귀하고 귀한 어린 생명을 사람이 아니라 괴물로 만들고 있는 나라에서 말입니다. 아니 그런 나라니까, 그런 사회를 만든 어른들이니까 어린이란 말이 낯간지럽게 느껴지는 것이겠지요. 어린이 해방 운동이 이상한 말로 들리고, 어린이 문화 운동이 무슨 필요가 있냐고 생각하는 것이겠지요.

방정환 선생님은 오직 어린이만이 새로운 세상을 만들 수 있다고 호소하셨습니다. 이오덕 선생님은 어린이가 겨레와 인류의 희망인데, 어른들이 어린이를 다 죽이고 있다며 분노하셨습니다. 저는 어른들이 어린이를 죽이는 정도가 아니라 다 잡아먹고 있다고 봅니다. 다음 세대인 어린이들이 살아가는 데 필요한 모든 것들을 지금 어른 세대들이 싹 쓸어다가 마구 쓰레기로 버리면서까지 말입니다.

이런 세상에서 어린이 문화 운동이라는 말이 얼마나 사람들 관심을 끌지 모르겠습니다. 방정환 선생님이 실천하신 어린이 운동 정신과 방법을 어린이 문화 운동이라는 말로 부르기 시작한 게, '어린이도서연구회'에서 1999년 '방정환 선생님 탄생 100주년 기념사업'을 추진할 때부터라고 생각합니다. 그로부터 10여 년이 지났고, '어린이문화연대'라는 작은 모임을 시작한 지 3년이 지나고 있습니다. 그러나 아직 우리 사회는 어린이를 살려야 한다, 어린이 문화 운동을 널리 펴야 한다, 어린이 해방 운동을 살려 내야 한다는 뜻에 함께하는 사람들이 많지 않습니다. 그래서 힘이 빠질 때가 많습니다.

그렇다 하더라도 어린이 운동을 포기할 수 없습니다. 어린이를 살리고 지키는 일이 새로운 세상을 열어가는 길이기 때문입니다. 이 책은 그런 마음으로 월간지 〈개똥이네 집〉에 몇 년 동안 연재했던 글을 모은 것입니다. 우리 겨레가 일궈 온 어린이 운동사를 어린이 문화 운동이라는 관점에서 살핀 글입니다. 체계를 세워 쓴 글도 아니고, 깊이 있는 연구 논문으로 쓴 글이 아니라 부족한 부분이 많습니다. 그러나 1920년대부터 지금까지 면면히 흘러 내려온 어린이 문화 운동을 살짝 열어 보는 책으로는 넉넉하다 싶습니다. 또한 구석구석 곳곳에서 어린이들과 함께 살아온 사람들 이야기를 적게나마 담으려고 했습니다.

이 책을 읽고 어린이 운동에 더 관심이 가는 사람들은 책 끝에 붙인 참고자료를 찾아보기 바랍니다. 특히 김정의 선생님이 쓴 《한국소년운동사》, 안경식 선생님이 쓴 《소파 방정환의 아동교육 운동과 사상》을 꼭 권하고 싶습니다. 어린이 운동사에서 참 중요한 책인데, 우리 사회가 어린이 운동에 관심이 없다 보니 주목받지 못하는 아까운 책입니다. 김정래 선생님이 쓴 《아동권리향연》도 어린이 권리가 무엇인가를 생각해 보는 데 좋은 시사점을 주는 책입니다. 이오덕 선생님은 책마다 어린이를 살리는 길에 대한 이야기를 토해 놓으셨습니다.

그리고 무엇보다 어린이문화연대에서 보리 출판사와 함께 만들고 있는 월간 잡지 〈개똥이네 집〉을 꼭 구독해 주세요. 어린이 교육과 문화에 대한 이야기를 담아 펴내고 있습니다. 월 구독료 삼천 원인데, 보리 출판사에서 함께 펴내는 어린이 월간 잡지 〈개똥이네 놀이터〉에 같이 보내드리니까 만 명 정도한테 나가는 것이지 실제로 〈개똥이네 집〉만 따로 구독하는 어른이 천 명도 안 됩니다. 우리 사회가 어린이 운동에 어느 정도 관심이 있는지 알 수 있는 것이지요.

천도교 본당 앞에 가면 '세계어린이운동발상지'라는 빗돌이 있습니다. 1920년대 어린이 운동을 일으켰지만 세계 어린이 운동을 이끌어 나가지 못하니 좀 과장이다 싶기는 합니다. 그러나 세계에서 처음으로 어린이 운동 선언문을 발표한 것은 사실입니다. 이 빗돌에 새겨 놓은 글이 헛말이 아니라 참말이 될 수 있도록 어린이 문화 운동이 들불처럼 일어나면 좋겠습니다.

어린이 문화 운동이 온갖 잡것들을 깨끗하게 불태워 버리는 들불처럼 번지면 좋겠습니다. 이 세상 어린이를 짓밟는, 이 세상 백성들을 못살게 구는, 이 세상 약한 사람들을 잡아 죽이는 모든 껍데기들을 다 불태워 버리면 좋겠습니다. 그래야 깨끗해진 논둑 밭둑에 새싹이 돋아나듯 사람답게 살아가는 참 세상으로 거듭나는 길이 열리게 될 것입니다. 어린이, 젊은이, 늙은이가 함께 더불어 사람답게 살 수 있는 세 세상을 만들 수 있을 것입니다. 아니, 만들어야 합니다.

끝으로 이 책이 나오기까지 함께한 〈개똥이네 집〉 식구들, 어린이문화연대 식구들, 아픈 나를 잘 돌봐 주고 있는 아내에게 고맙다는 말을 하고 싶습니다. 이 책이 어린이문화연대 활동에 조금이라도 보탬이 되기를 바랄 뿐입니다. 이 땅에 모든 사람들이 따스한 어제와 즐거운 오늘, 그리고 새로운 내일을 기쁘게 기다리는 삶을 살 수 있는 날을 위하여!

이주영

2014년 3월

차례

1부

항일 투쟁기
어린이 문화 운동

어린이 해방, 못다 이룬 그 꿈

1923년의 꿈이 지금 이루어졌는가

'어린이 운동'이란 어린이들이 올바른 삶을 살 수 있도록 지키고 가꾸기 위한 사회 환경을 만드는 일이다. 어린이에 대한 생각을 바꾸고, 어린이를 위한 교육을 바꾸고, 어린이를 위한 문화를 바꾸고, 정치와 경제 구조를 바꾸는 일이다. 오늘을 사는 어린이는 내일을 열어 갈 새로운 사람들이다. 곧 오늘 우리 어린이들이 어떤 삶을 살 수 있도록 하느냐에 따라 다음 사회가 어떻게 될 것인지 결정된다.

그렇다면 21세기를 사는 어린이들은 올바른 삶을 살고 있는 것인가? 즐겁고 행복한 삶을 살고 있는 것인가? 겨레와 인류 앞날에 희망이 되기에 넉넉한 조건 속에서 살고 있는 것인가? 어린이들이 사람답게 살 수 있는 사회를 만들려고 우리 어른들이 정말 애쓰고 있는 것인가? 이원수가 꿈꾸던 《숲 속 나라》, 권정생이 바라던 《랑랑별 때때롱》에서처럼 어린이와 어른이, 그리고 온갖 벌레와 짐승들이 함께 사는 사회를 향해서 한 발짝이라도 나가고 있는 것인가?

1923년, 이 땅에 '어린이'라는 말이 처음 태어났다. 그러나 지금은 그 뜻이 반쪽이 되어 버렸고, 그 반쪽이 다시 반쪽이 되었다. '어린이, 젊은이, 늙은이' 가운데 하나였던 '어린이'가 이제는 초등학교에 다니는 아이들만 가리키는 말로 여겨지게 되었다. 그나마 어린이는 젊은이와 늙은이, 곧 어른과 동등한 인격을 가진 존재라는 생각이 빠진 채로 5월 5일 어린이날에나 쓰는 말이 되고 말았다.

어린이라는 말이 태어나고 함께 쓰였던 어린이 운동이라는 말도 이제 듣기 어려운 말이 되었다. 언제 우리 역사에 어린이 운동이라는 말이 있었나 싶다. 그렇기에 어린이 운동이라는 말을 만드는 데 앞장섰던 방정환과 그가 일구었던 어린이 운동을 되짚어 볼 필요가 있다.

1923년 제1회 어린이날 행사 때 사람들에게 나눠 준 전단에는 다음과 같은 내용이 실렸다.

소년 운동의 기초 조건

1. 어린이를 재래의 윤리적 압박으로부터 해방하여 그들에게 대한 완전한 인격적 예우를 허하게 하라.
1. 어린이를 재래의 경제적 압박으로부터 해방하여 만 14세 이하의 그들에게 대한 무상 또는 유상의 노동을 폐하게 하라.

1. 어린이 그들이 고요히 배우고 즐거이 놀기에 족한 각양의 가정 또는 사회적 시절을 행하게 하라.

우리들의 희망은 오직 한 가지, 어린이를 잘 키우는 데 있을 뿐입니다. 다 같이 내일을 살리기 위하여 이 몇 가지를 실행합시다.

– 어린이는 어른보다 더 새로운 사람입니다.

　내 아들놈 내 딸년 하고 자기의 물건같이 여기지 말고 자기보다 한결 더 새로운 시대의 새 인물인 것을 알아야 합니다. 자기 마음대로 굴리려 하지 말고 반드시 어린 사람의 뜻을 존중하도록 하여야 합니다.

– 어린이를 어른보다 더 높게 대접하십시오.

　어른은 뿌리라 하면 어린이는 싹입니다. 뿌리가 근본이라고 위에 올라앉아서 싹을 내려 누르면 그 나무는 죽어 버립니다. 뿌리가 원칙상 그 싹을 위해야 그 나무(그 집 운수)는 뻗쳐 나갈 것입니다.

– 어린이를 결코 윽박지르지 마십시오.

　조선의 부모는 대개가 가정 교육은 엄해야 한다는 잘못된 생각으로 그 자녀의 인생을 망쳐 놓습니다. 윽박지를 때마다 뻗어 나가는 어린이의 기운은 바짝바짝 줄어듭니다. 그렇게 길러 온 사람은 공부를 아무리 많이 해도 크게 자라서 뛰어난 인물이 못 되고 남에게 꿀리고 뒤지는 샌님이 되고 맙니다.

– 어린이의 생활을 항상 즐겁게 해 주십시오.

심심하게 기쁨 없이 자라는 것처럼 자라 가는 어린 사람에게 해로운 일이 또 없습니다. 항상 즐겁고 기쁘게 해 주어야 그 마음과 몸이 활짝 커 가는 것입니다.

– 어린이는 항상 칭찬해 가며 기르십시오.

칭찬을 하면 주제넘어진다고 생각하는 것은 큰 잘못입니다. 잘한 일에는 반드시 칭찬과 독려를 해 주어야 그 어린이의 용기와 자신하는 힘이 늘어 가는 것입니다.

– 어린이의 몸을 자주 주의해 보십시오.

집안의 어린이가 무엇을 즐기나 몸과 마음이 어떻게 변해 가나 이런 것을 항상 주의해 보아 주십시오. 평상시에 그냥 내버려 두었다가 잘못된 뒤에 야단을 하거나 후회하는 것은 부모들의 큰 잘못입니다.

– 어린이들에게 잡지를 자주 읽히십시오.

어린이에게는 되도록 다달이 나는 소년 잡지를 읽히십시오. 그래야 생각이 넓고 커짐은 물론이요, 또한 부드럽고도 고상한 인격을 가지게 됩니다. 돈이나 과자를 사 주지 말고 반드시 잡지를 사 주십시오.

– 희망을 위하여 내일을 위하여 다 각각 어린이를 잘 키웁시다.

– 정인섭, 《색동회 어린이 운동사》, 학원사

'소년 운동의 기초 조건'이 나오고 100년이 되어 가려고 하지만 이 내용은 지금도 지키지 못 하고 있다. 부끄러운 일이다. 이 선언을 나는 '어린이날 선언'이라 부르고 싶다. 이 어린이날 선언에는 우리 어른들이 아직도 가슴에 새겨야 할 말이 많다. 어른들이 만들어 가는 오늘날 사회는 어린이들이 스스로 목숨을 끊는 사회, 어린이를 거침없이 죽이는 사회가 되고 말았기 때문이다.

우리 겨레가 가장 어려웠던 때에 방정환을 중심으로 어린이 운동을 펼쳤던 사람들 뜻을 오늘에 맞게 되살리고, 그이들이 못다 이룬 꿈을 다시 이어 가야 할 것이다. 참된 어린이 해방을 이룰 때 우리 겨레와 인류는 비로소 평화로운 땅에 이를 수 있을 것이기 때문이다.

어린이날이 5월 1일이었던 까닭은

참된 어린이날을 위해

　어린이날을 처음 만든 방정환은 1899년 11월 9일(광무 3년 음력 10월 7일) 지금 세종문화회관 뒷마당 쪽인 서울 야주개에서 생선과 쌀을 팔던 방경수 씨 맏아들로 태어났다. 방정환은 3·1 운동에 참여하고, 천도교소년회 조직에 앞장서고, 색동회를 조직하고, 어린이라는 말을 살려 쓰고, 잡지 〈어린이〉를 펴냈다. 겨레 해방 운동이 여기저기서 일어나던 때에 어린이를 겨레 희망으로 보고, 어린이 해방 운동에 앞장섰다.

　방정환은 조선 민중 가운데 가장 불쌍한 민중을 어린 민중으로 보았다. 식민 지배 아래에서 억압받는 민중을 부모로 두었는데, 거기다 그 부모한테 또 억압을 받으니 어린이는 이중으로 억압받는 민중이라는 것이다. 그래서 억눌린 어린 민중을 해방시켜야 한다고 외치고 사회, 윤리, 경제 모든 면에서 어린이들한테 가해지는 억압에서 풀려날 수 있도록 온 힘을 다해 살았다.

5월에는 노동자의 날, 어린이날, 어버이날, 스승의 날처럼 여러 기념일이 있다. 기념일이 많은 게 문제될 건 없지만, 처음 기념일을 만들었던 뜻이 달라지는 건 안타까운 일이다. 스승의 날은 충청도에 있는 어느 여학교 학생들이 편찮은 담임선생님 병문안을 다녀간 일이 기사로 나면서 시작되었다. 그런데 스승의 날이 촌지나 선물로 얼룩지면서 오히려 교사에게 부끄러운 날이 되기도 했다. 참교육 운동으로 많이 해소되기는 했으나 아직도 처음 시작한 소박하고 애틋한 뜻하고는 거리가 있다.

어린이날도 마찬가지로 볼썽사납게 되었다. 온갖 장사꾼들이 무얼 팔아먹기에 바쁜 날이 되었다. 선물이랍시고 속없이 비싸기만 한 물건이 판치고 겉보기만 화려한 행사가 즐비하다. 부모들도 어린이날이란 아이에게 선물 사 주고, 기계가 잔뜩 들어찬 놀이 공원에 가고, 외식쯤 해야 하는 날로 생각하고 있다. 어린이날이 이런 모습이라면 굳이 나라에서 쉬는 날로 정할 까닭이 없다.

일 년에 하루쯤 신나게 놀 수 있다고 말할지도 모르겠다. 하지만 가난한 처지에 놓인 집에서는 부모나 어린이한테 더욱 마음 아픈 날이 어린이날이다. 어렵게 사는 집의 부모가 다니는 일터는 5월 5일 같은 '빨간 날'에도 쉬지 않는 곳이 더 많다. 우리 둘레를 잘 살펴보면 어린이날에 더 슬픈 어린이들이 적지 않다.

어린이날이 '어린이를 위해 돈을 많이 쓰는 날'로 되어 버린 것부터가 슬픈 일이다. 그렇다면 어린이 운동가들이 어린이날을 만든 까닭은 무엇일까?

지금은 어린이날이 5월 5일이지만 처음에 어린이날은 5월 1일이었다. 어린이 운동가들은 노동자의 날인 5월 1일을 왜 어린이날로 했을까? 어린이 운동가들은 어린이도 노동자와 마찬가지로 억압받는 민중이라고 보았기 때문이다. 그래서 어린이들도 오전에는 노동자의 날 행사에 참여하고, 오후에는 어린이날 행사를 했다.

어린이날 행사를 처음 시작한 1923년 5월 1일 오후 3시, 천도교 수운회관에는 어린이와 어른 천 명이 모였다. 손에는 흰 바탕에 붉은 글씨로 '어린이날'이라고 쓴 깃발을 들고 있었다. 그들은 50명이 한 모둠이 되어 네 모둠이 광화문까지 행진하였다. 이날 종로 거리와 온 나라에 뿌린 어린이날 선언이 12만 장에 이른다. 어린이날에 담고자 했던 정신은 어린이날 선언에 잘 나타나 있다. 그 내용을 자세히 살펴보자.

어린이를 재래의 윤리적 압박으로부터 해방하여 그들에게 대한 완전한 인격적 예우를 허하게 하라

여기서 '재래의 윤리적 압박'은 유교를 바탕으로 한 봉건 윤리를 말한다. 효를 바탕으로 한 봉건 윤리는 어른 편하자고 만들어 놓은 규범이다. 재래의 윤리적 압박이 지금 다 없어졌는가? 조금도 그렇지 않다.

어린이들은 부모들이 요구하는 규범에 묶여 하루 종일 학교

어린이날이 5월 1일이었던 1923년 ~ 1927년 사이에 나온 어린이날 포스터. 주최 세력인 '조선소년운동협회(朝鮮少年運動協會)'가 새겨져 있다.

와 학원을 오가면서 공부에 시달려야 한다. 1920년대와 규범 내용이 달라졌을 뿐이다. 그 압박이 강하고 끈질기게 어린이들을 짓누르고 있다. 자기 아이를 성공시키려는 부모들 때문에 어린이들은 공부하는 기계가 되었다. 거기다 방송 매체와 온라인 게임에 매인 어린이들은 어른들 돈벌이 대상이 되고 있다.

어린이를 재래의 경제적 압박으로부터 해방하여 만 14세 이하의 그들에게 대한 무상 또는 유상의 노동을 폐하게 하라

어린이들이 '경제적 압박'에서는 모두 벗어났는가? 역시 그렇지 않다. 우리 나라에서 열네 살이 안 된 아이들에게 시키는 강제 노동은 거의 없어졌다지만 아주 없어진 것은 아니다. '공부'라는 노동에 삶을 착취당하고 있다. 특히 못된 어른들이 저

어린이날이 5월 1일이었던 때에 나온 포스터. 색동회에서 만든 걸로 보인다.

지르는 성폭력에 시달리거나 매매춘 올가미에 빠지는 아이들이
늘어나고 있다.

가정에서 자녀 교육에 돈을 쓰는 비율은 한없이 높아지고 있
는데 정부 예산을 보면 어린이한테 들어가는 비율이 아직도 턱
없이 낮다. 선거 때가 되면 후보들은 학교 교육예산을 높이겠다
고 큰소리친다. 하지만 학교 교육예산은 아직 지엔피(GNP, 국
민총생산) 5퍼센트에도 못 미친다. 아이들을 위한 문화 예술 관
련 예산은 더 형편없다.

**어린이 그들이 고요히 배우고 즐거이 놀기에 족한 각양의 가정 또는 사회
적 시절을 행하게 하라**

'고요히 배우고 즐거이 놀기에 족한 각양의 시설'은 되어 있

는가? 역시 그렇지 못하다. 학교 교실이 고요히 배울 만하게 되어 있지 않다. 지금도 교사들은 온갖 행사와 다른 일에 시달리느라 오직 아이들만 생각하며 가르치는 것이 어렵다. 어린이들이 고요히 놀면서 배울 수 있는 지역사회 시설도 턱없이 모자라다. 어린이 전용 공연장 하나 제대로 없는 나라다.

방정환의 외침은 어린이들이 참삶을 살아갈 수 있는 사회를 만들기 위한 요구였다. 21세기를 살고 있는 지금도 구십여 년 전 어린이 운동가들이 어린이날을 만들며 새겼던 마음과 정신이 꼭 필요한 시대다. 물론 시대가 바뀌었으니 시대에 맞게 보완해야 할 내용도 있다. 하지만 그때 어린이 운동가들이 외친 본뜻과 정신만은 그대로 되살려야 한다. 어린이날이 '참된 어린이날'이 되는 길, 그 길이 우리 겨레가 살아날 길이다.

우리 나라 첫 어린이 잡지

〈어린이〉, 어린이 운동과 함께하다

어떻게 하면 한국의 소년 소녀가 다 같이 좋은 사람이 되어 가게 할까! 실제로 소년 운동을 힘써 일으키는 것도 그 때문이요, 온갖 괴로움을 참아 가면서 〈어린이〉 잡지를 발행하여 오는 것도 오직 그것을 바라는 마음이 뜨거운 까닭입니다.

— 김정의, 《한국소년운동사》, 민족문화사

윗글은 방정환이 월간 잡지 〈어린이〉를 펴내는 까닭을 편지로 쓴 것 가운데서 뽑은 것이다. 온갖 괴로움을 참아 가면서 어린이 잡지를 내는 까닭이나 소년 운동을 힘써 일으키는 까닭이 우리 어린이들 모두가 좋은 사람이 되기를 바라기 때문이라고 했다.

〈어린이〉는 1923년 3월, 개벽사에서 처음 펴냈다. 천도교 소년회 김옥빈을 발행인으로, 천도교청년회 사업부에서 꾸리

우리 나라 첫 어린이 잡지 〈어린이〉. 표지의 변화를 살필 수 있다. 왼쪽 24호(1925.1.)는
어린이들이 소를 타고 '어' '린' '이' '해' '방' 깃발을 들고 있다. 오른쪽은 54호(1927.12.).

는 잡지였다. 〈어린이〉가 나오기 전, 〈소년한반도〉(1906), 〈소년〉
(1908)이 나왔지만 어린이를 대상으로 했다고 보기 어렵다. 어
린이 운동사 관점에서 볼 때 어린이 잡지는 〈어린이〉가 시작이
다. 〈어린이〉는 1934년 7월에 폐간당할 때까지 12년 동안 통권
122호가 나왔다. 달마다 제대로 나왔다면 140호가 넘었겠지만
여러 차례 발간을 중지당했기 때문에 122호로 그쳤다. 해방이
되고 1948년 5월에 다시 펴내 1949년 12월까지 통권 137호가
나왔다.

　〈어린이〉를 만드는 데 중심 역할을 했던 방정환은 일본 도쿄
에서 공부하면서 유학생 가운데 글 쓸 사람을 조직했고, 그 사
람들이 중심이 되어 어린이 운동 단체인 '색동회'를 만들었다.
색동회는 〈어린이〉에 글을 쓰는 일, 노래와 놀이를 널리 퍼뜨리
는 일, 동극 순회 공연, 동화 구연회 같은 어린이 문화 운동을

왼쪽은 91호(1931.12.), 오른쪽 124호(1948. 6.)는 해방 뒤 나왔다.

이끌었다. 색동회는 〈어린이〉 내용을 채워 주는 정신이면서 방정환이 '조선소년운동협회'를 만들어 활동할 수 있는 힘이 되었다.

〈어린이〉는 어린이가 주체로 활동하는 소년 단체들이 태어나는 데 큰 영향을 주었다. 또한 소년 단체들이 활동하는 정신이 되어 주었다. 〈어린이〉가 나오기 전에는 소년회가 몇 되지 않았다. 그런데 잡지 부수가 늘어나는 속도에 맞추어 소년회 수가 늘어났던 모습에서 〈어린이〉의 영향을 확인할 수 있다. 첫 호는 돈 안 받고 거저 준다고 했는데도 가져가는 사람이 열여덟명밖에 없었다고 한다. 그런데 통권 76호를 내던 1930년 7월에는 3만 부 넘게 팔렸다고 한다. 그때 우리 나라 인구가 2천만 명이 채 못 되었고, 지방 어린이들이 5전짜리 잡지 한 권 사기도 쉽지 않을 만큼 형편이 어려웠다. 글을 읽을 수 있는 독서 인구도 적었다. 인구 5천만 명을 넘는 지금도 어린이 잡지가 1만 부 발행을 넘기기 어려운 현실을 보면 그때 어린이 잡지가 3만 부나 팔렸다는 것은 대단한 일이다.

〈어린이〉는 개인이 구독해서 보는 사람들도 있지만 거의 천도교, 기독교, 불교 같은 종교 단체나 지역 소년회에서 많이 구독해서 읽었다. 단체들이 책을 사서 돌려 보거나 읽어 주었던 것이니까 3만 부는 몇 배나 많은 독자를 대상으로 하고 있었던 셈이다. 〈어린이〉가 어른들과 어린이들한테 적잖은 영향을 끼쳤을 것임을 짐작할 수 있다.

그때 독자들이 보낸 글을 보면, 흑룡강 쪽에 사는 어린이들을 비롯해 한민족이 사는 곳곳에서 활동하고 있던 소년회에서 책을 돌려 읽은 흔적이 남아 있다. 그때 독서 모습은 지역에 작은 도서관이나 개인 문고를 만들고, 마을 사람들이 그곳에서 함께 책이나 신문을 읽었다. 글을 아는 사람이 글을 모르는 사람에게 신문이나 책을 읽어 주기도 했다. '서적 종람소'나 '신문 종람소'라고 했던 곳에서 벌어진 이러한 활동은 근대 계몽 운동에 큰 도움을 주었다.

〈어린이〉는 '읽어 주기'와 '함께 읽기'를 징검다리 삼아 어린이와 어른한테 폭넓게 다가갔다. 어린이 운동이 한반도는 물론 우리 겨레가 사는 곳곳으로 퍼질 수 있었던 것이다. 잡지에 실린 동화 읽어 주기, 동극으로 연극하기, 악보 보면서 노래 부르기 같은 여러 활동은 소년회가 어린이 문화 예술 활동을 할 수 있도록 해 주었다. 〈어린이〉 편집 방향을 살펴보면 소년회 활동과 맞닿는 것이 많다.

> 〈어린이〉에는 수신강화 같은 교훈담이나 수양담(특별한 경우에 어느 특수한 것이면 모르나)은 일체 넣지 말아야 합니다. 저희끼리의 소식, 저희끼리의 작문, 담화 또는 동화·동요, 소년소설, 이뿐으로 훌륭합니다.
>
> — 김정의, 《한국소년운동사》, 민족문화사

〈어린이〉는 어린이들이 쓴 글을 중요하게 여겨 독자들이 보내 온 글을 꾸밈없이 실었다. 실제로 소년회에서 〈어린이〉 잡지에 글을 보내는 독자가 많았고, 소년회 독자들 중심으로 소년 문학가 모임을 만들기도 했다. 이원수는 마산 신화소년회에 들어가서 활동했는데, 모임을 꾸린 기념으로 방정환을 초청하여 강연을 들었다. 강연 뒤풀이 자리에서 〈어린이〉에 글을 써서 보내 달라는 방정환 말을 듣고 '고향의 봄'을 보냈다. 어린이가 보낸 글과 함께 동화, 동요, 우리 겨레 역사, 옛이야기를 많이 실었다. 그림자놀이 같은 놀이 방법을 알려 주기도 했다.

〈어린이〉가 어린이 운동사에 큰 영향을 준 것은 방정환과 색동회를 비롯한 어린이 운동가들이 끊임없이 애쓴 덕이다. 그러나 돈에 있어서는 개벽사 희생이 크다. 〈어린이〉 잡지로 생기는 손해를 모두 개벽사가 짊어졌기 때문이다. 처음에는 한 달에 만

원쯤 손실이 생겼다고 한다. 3·1운동 때 천도교청년회에서 기독교 쪽에 오천 원을 보내 준 게 너무 크다고 말썽이 났던 걸 생각해 보면 만 원이 얼마나 큰돈이었는지 헤아릴 수 있을 것이다. 이러한 부담을 개벽사가 짊어졌기에 〈어린이〉를 계속 만들어 낼 수 있었다.

2003년에 〈개똥이네 놀이터〉를 창간하기 위한 준비에 들어갈 때, 잡지가 어린이 문화 운동을 펼치기 위한 징검다리가 되겠다고 했던 까닭도 이런 역사를 바탕으로 하고 있다. 그래서 준비 모임은 어린이 교육과 어린이 문화를 일구어 가는 단체 대표나 실무자 모임으로 시작했던 것이다.

지금 〈개똥이네 놀이터〉 편집 방향과 내용은 어린이 문화 운동에 걸맞게 가고 있다. 다만 동화나 역사 쪽이 〈어린이〉보다 약하고, 어린이들이 스스로 문화·예술·체육 활동을 하는 소년회 같은 어린이 모임이 없다는 점이 다르다. 앞으로 〈개똥이네 놀이터〉를 함께 읽으면서 그 내용을 삶 속에 담아낼 어린이 문화 운동을 어떻게 만들어 낼 것인지 고민하고 행동에 옮기는 일이 매우 중요하다.

어린이가 주인인 소년회
'5월의 노래, 숲 속 나라, 칠칠단의 비밀'에 담긴 소년회 활동

소년회는 1926년에 500개가 넘었다고 한다. 종교 단체를 바탕으로 한 소년회와 지역을 바탕으로 한 소년회가 있었고, 농어촌에서는 야학을 바탕으로 한 소년회가 있었다. 소년회는 소년 운동가들이 지도를 했지만, 어린이 회원들이 스스로 계획을 세워서 활동할 수 있게끔 했다. 어린이들이 모여서 놀고, 노래 부르고, 춤추고, 글 쓰고, 동화를 발표하고, 체육을 했다. 활동비를 모으려고 일도 했다.

동무들아, 오너라 우리 다 같이
손에 손을 맞잡고 힘을 모아서
헐벗은 이 땅에다 꽃을 피우자
씩씩하다, 어린 싹 우리 소년회

이원수가 어린 시절 마산에서 활동했던 신화소년회 활동을
담은 동화《5월의 노래》에 나오는 소년회 노래다. 이 책에는 소
년회 활동 모습이 그대로 담겨 있다. 주인공 노마가 소년회에
처음 들어간 날, 소년회 저녁 활동인 '달맞이회'가 벌어지고 있
었다.

잔디밭에 모여 앉은 아이들 앞에, 나이가 몇 살 더 먹어 보이
는 아이가 나와 앉았다. 그 애가 오늘 저녁 달맞이회 사회를 볼
문예부 위원이라고 하였다. 노마는 문예부니, 위원이니 하는 말
을 알아듣지 못했다. 그 위원 아이는 "오늘 저녁 달맞이회는 처
음 약속대로 음악과 동화로써 하기로 합시다. 순서에 따라 맨
처음 우리 소년회 노래를 합창하고, 그다음에 달맞이 노래를 부
르고, 그리고 다른 노래와 동화로 진행합니다." 하고 말했다 .

달빛을 받으며 노는 어린이들 모습을 상상만 해도 즐겁다.
아이들끼리 모여서 즐겁게 노래하고 춤추고 이야기 나누는 모
습이 정말로 평화롭다. 그러나 소년회가 이렇게 평화롭기만 할
수는 없었다. 일제 탄압을 받았기 때문이다. 소년회 지도자들
을 잡아 가두기도 하고, 일터를 빼앗기도 했다. 어린이 회원들
도 학교나 경찰에게 감시를 받았다. 노마가 활동하던 소년회 지
도 교사 박○○ 선생님도 일제 경찰한테 잡혀서 감옥에 갇혔다.
아이들은 경찰서 유치장 뒷길, 높은 벽돌담이 있는 골목에 가서
박 선생님을 북돋우는 노래를 부른다.

노마네 소년회에서는 스스로 만든 신문에 소년회 활동과 마

을 소식을 싣다가 학교 선생님들에게 들켜 신문을 만든 아이들이 정학을 당한다. 경찰과 학교가 감시하고 탄압하면서 소년회는 어려움을 겪지만 아이들은 마음을 굳세게 먹고 활동한다. 그 모습에 감동을 받은 조선인 선생님이 아이들 편이 된다. 이렇듯 소년회는 어린이들이 주체가 되어 모임을 만들고, 학교에서 배우지 못하는 것을 배우면서 자라난다.

이원수는 어린 시절에 겪은 소년회 활동을 어른이 되어서도 잊지 못했고, 그것은 이원수가 꿈꾸는 이상향이 되었다. 1949년에 쓴 《숲 속 나라》에 나오는 '어린이 나라'도 소년회 활동을 바탕으로 하는 걸 봐도 알 수 있다. 주인공 노마는 아버지를 찾아 숲 속으로 들어간다. 노마가 찾아간 숲 속 나라는 어린이와, 어린이 마음을 잃지 않은 어른이 모여서 만든 새 나라다.

"동무들아, 숲 속 나라는 어린이들의 세상이다. 슬픈 일, 불행한 일이 없도록 우리는 우리들의 새 세상을 만들어 가자."
갑자기 노마가 일어서서 여러 동무들에게 이런 얘기를 했습니다.
"한 사람이 행복하다 해도 두 사람이 불행하다면 소용없는 일이다."
"숲 속 나라의 행복을 온 세상에 자랑하고, 온 세상에 퍼뜨릴 날이 돌아오도록 우리는 힘써 배우고 힘써 실행하자."
"숲 속 나라 어린이 만세!"
아이들의 만세 소리가 '꽃마을'에 메아리쳐 울렸습니다.

이원수가 꿈꾸던 새 나라에서는 어린이들이 주인이 되어 스스로 하고 싶은 일을 찾는다. 꽃마을, 노래하는 마을, 춤추는 마을, 꿈꾸는 마을, 사랑의 마을, 과학의 마을처럼 갖가지 마을을 만들어서 자기들이 맡은 일을 한다. 곧 어린이 자치 마을이다. 이런 자치 마을을 모아서 새 나라를 세우는 것이다.

방정환이 쓴 《칠칠단의 비밀》에도 소년회 활동이 나온다. 청국 곡마단에 잡혀간 동생 순희를 찾으러 인천에 간 창호가 긴급하게 도움을 구하러 간 곳이 인천소년회 회관이었다. 창호가 급한 처지를 하소연하자 소년회 간부와 회원들이 힘을 모아 순희를 구하는 대목을 보자.

창호는 인천의 자동차부에 가서 소년 회관의 주소를 알아 가지고 즉시 소년 회관으로 달려갔습니다. 마침 그곳 소년회에서는 그날 밤에 동화회가 있어 소년 회원들은 물론이고, 그 외에도 삼백여 명의 소년이 모여 있었습니다. 창호의 급급한 이야기를 듣자마자 동화회는 중지되고, 소년회 간부와 회원 중에 큰 사람 이십여 명이 죽 나섰습니다.

(……)

기차기 '뛰' 소리를 지르고 천천히 인천 정거장을 떠나기 시작할 때, 정거장 밖에는 삼백여 명의 소년 회원이 기쁨을 다하여 만세를 불렀습니다.

이러한 소년회 활동은 방정환이 꿈꾸던 모습에 가깝다. 보통 때는 노래와 놀이, 동화 활동을 하지만 언제든 조선 사람이 어려운 처지에 놓였을 때나 조선 어린이가 위급한 일을 당했을 때는 함께 힘을 모아 이겨 내기를 바랐던 것이다. 그래서 마땅히 경찰에 신고해야 할 일인데도 소년 회관으로 먼저 뛰어가서 도움을 구하고, 소년회 회원들이 나서서 일을 해결하도록 작품을 쓴 것이다.

요즘 어린이는 무엇을 스스로 할 수 있는 시간과 기회를 만나기 어렵다. 아침부터 저녁까지 어른들이 만들어 놓은 틀에 갇혀서 어른들이 주는 대로 받아먹으면서 살고 있다. 아이들끼리 이야기를 나누고, 어떤 선택을 하고, 그에 따라 즐겁게 놀거나 공부하고 일하는 시간과 장소, 기회를 모두 빼앗겼다.

소년회는 어린이 스스로 주인이 되어 활동할 수 있는 모임이었다. 지금 그런 어린이 모임이 필요하다. 어린이가 즐겁게 놀고, 배우고, 일할 수 있는 시간과 공간을 마련해 주어야 한다.

다시 살려 내야 할 말, 어린이 운동

어린이 운동의 여러 길

1919년 3·1운동이 일어나면서 1920년대는 사회 여러 부문에서 운동이 일어나던 때다. 교육 운동, 노동 운동, 언론 운동, 여성 운동 들이 일어났다. 그 가운데 또 하나 중요한 운동이 '어린이 해방 운동'이다. 사실 어린이 해방 운동, 어린이 운동이라는 말은 방정환이 중심이 되어 썼지만 그때는 '소년 운동'이라는 말을 더 널리 썼다.

3·1운동이 일어난 뒤 소년 운동 단체들이 여럿 태어났는데 1919년 상해 임시정부에 딸린 조직으로 연해주에 소년애국단이 생기고, 그 뒤 진주, 원산, 안변, 왜관에 소년회가 조직되었다. 진주소년회는 1920년 8월에 만들었는데 1921년 3월 독립 만세 운동을 벌이려다 발각되었다. 이 일이 도화선이 되어 천도교소년회가 조직되었고, 뒤이어 불교소년회, 대종교소년회, 조선소년소녀회들이 들불처럼 조직된다.

진주에서는 2011년 어린이날에 진주 소년 운동의 뜻을 알리는 빗돌을 진주교육지원청 앞에 세웠다.

대한제국 애국계몽기에 소년 교육 운동이 활발했는데, 그 맥이 다시 살아난 것이 소년 운동이라고 할 수 있다. 애국계몽기 소년 교육 운동은 학교 세우는 것을 주요 활동으로 했다면 1920년대 소년 운동은 학교 밖 사회단체를 만드는 걸 주요 활동으로 삼았다. 일제가 학교를 식민지 노예교육을 강화하는 통치 도구로 삼고 있어서 종교나 지역에서 활동하는 민족 독립운동가들은 학교 밖 활동을 중요하게 생각했다.

1920년대 소년 운동 단체는 400개가 넘었는데 조선소년운동협회(위원장 방정환)가 그 중심 역할을 하였다. 그러나 소년 운동 단체들이 조선소년운동협회라는 연합회에 속해 있었지만 모두 생각이 같은 건 아니었다. 방정환을 중심으로 한 '어린이 문화 교육', 조철호를 중심으로 한 '소년 군사교육', 정홍교를 중심으로 한 '무산 소년 대중 조직', 이광수를 대표로 볼 수 있는 '학교 교육 참여' 운동으로 나눌 수 있다.

방정환과 김기전을 중심으로 한 천도교소년회는 천도교 사상을 바탕으로 어린이를 어른과 다른 특성을 가진 동등한 인격체로 보았다. 어린이 본성을 지키고 여러 억압과 굴레에서 어린이를 해방시켜야 한다고 주장했다. 그 실천으로 문학, 음악, 미술, 체육(놀이)를 포함한 문화 예술 활동을 펼쳤다. 잡지 〈어린이〉를 발간하고, 동화 창작, 구연, 노래 창작과 보급, 연극 공연, 미술 대회, 체육 대회를 열었다.

대한제국 무관 학교를 나온 조철호를 중심으로 한 '조선소년군'과 정성채를 중심으로 한 '소년척후대(보이스카우트 전신)'는 '너희는 조선의 화랑이다, 민족을 구하는 선봉이 되라'는 강령처럼 소년 군사 조직이고자 하였다. 신라 시대의 화랑처럼 독립운동에 몸을 던질 군인을 길러 내겠다는 생각을 하고 있었다. 보이스카우트는 영국군이 인도에서 소년 군사 조직으로 만든 소년 단체였다. 따라서 일주일에 한 번씩 모여 산에 오르기, 배 젓기, 헤엄치기, 야영을 비롯한 체력 단련과 군사에 비길 만한 훈련을 하였다.

사회주의자인 정홍교를 중심으로 한 조선무산소년회는 사회주의 단체인 오월회 사람들이 주된 활동가였고, 무산(프롤레타리아) 계급 소년 소녀들을 주된 조직 대상으로 삼았다. 그 강령에 있는 교양 항목을 보면 뚜렷하게 알 수 있다.

> 종래의 부르조아적 혼미한 교양으로부터 과학적 지식을 보급할
> 것, 그 방법으로 가. 무산 소년 교양에 주력할 것
> 　　　　　　 나. 미취학 소년에 대한 강습소 설치
> 　　　　　　 다. 농촌 무산 소년 야학 설치
> 　　　　　　 라. 도시에는 노동 야학 설치
> 　　　　　　 마. 아동 도서관 설치
> 　　　　　　 ('자' 항까지 9개 조항이 있음).
>
> 　　　　　　　　　　　　 - 김정의, 《한국소년운동사》, 민족문화사

'종래의 부르조아적 혼미한 교양'이란 방정환을 중심으로 한
어린이 문화 운동을 비판한 것이다. '과학적 지식'이란 사회주의
지식을 뜻한다. 교양 대상을 뚜렷하게 무산 소년으로 삼았고,
야학이라는 비제도권 학교를 세우는 데 힘을 쏟은 점이 방정환
과 다르다고 할 수 있다. 그때로서는 적잖이 호응을 받아서 어
린이 잡지도 따로 펴내고, 1928년 조선소년연합회(조선소년운동
협회가 1927년에 바뀐 이름) 전국 총회에서 방정환을 누르고 정홍
교가 위원장이 되면서 이름까지 '조선소년총동맹'으로 바꾼다.

이는 어린이 운동이 방정환이 이끌던 어린이 문화 운동에서
정홍교를 중심으로 한 사회주의 소년 운동으로 바뀌게 된다는
걸 뜻한다. 실제로 1930년대는 어린이 문화 운동보다는 사회주

의 소년 운동이 활발하게 펼쳐졌다.

이광수가 대표 격인 학교 교육 참여 운동은 사회단체나 야학이 아니라 학교에 가서 공부하자는 주장이다. 그 주장은 노아자라는 필명으로 여러 언론 매체에 발표했는데, 노아자란 바로 이광수다.

1. 소년들아, 덕행 있는 사람이 될 공부를 하기로 굳게 동맹하자.
2. 소년들아, 아모리 하여서라도 보통교육과 전문학술의 교육을 받아 한 가지 직업을 할 수 있는 사람이 되도록 공부하기를 동맹하자.
3. 소년들아, 건장한 신체와 기력을 가진 사람이 되도록 공부하기를 동맹하자.
4. 우리의 동맹으로 하여금 가장 확고하게 가장 신성하게 뭉쳐진 단체가 되어 민족개조의 대업을 성취하기에 위대한 힘을 내도록 공부하기를 동맹하자.

– 김정의, 《한국소년운동사》, 민족문화사

이광수는 소년 운동이 나아갈 방향을 담은 글을 많이 발표했다. 지금 보면 별 문제가 없어 보인다. 그러나 역사를 돌아보면 이러한 주장은 3·1운동 뒤에 문화정책을 내세우던 조선총독부가 주장하던 것과 맞닿는다. 조선총독부는 애국계몽기에 우후 죽순처럼 세워졌던 수천 개 학교를 억압하기 위해 '학교 근대화'

란 이름으로 학교 시설과 규모에 대한 법령을 발표했다. 그 때문에 수천 개 학교가 문을 닫거나 야학과 같은 비제도권 학교로 바뀌었다. 그리고 교육 내용도 일제 식민지 노예교육으로 치달았다.

소년 운동 활동가들이 소년회 같은 어린이 사회단체나 야학에 뜻을 둔 것은 그러한 식민 정책 때문이었다. 이러한 사정에 비춰 보면 이광수가 내세운 학교 교육 참여 주장은 민족 말살론을 지향하는 일제 노예교육 참여론인 것이다. 실제로 일제감정기 학교 교육은 우리 말과 글, 역사와 문화를 뭉개어 없애 버리고 황국신민화교육으로 치달았다.

방정환과 김기전, 조철호, 정홍교, 이광수는 어린이 운동 노선을 만들어 나가던 주요 지도자들이다. 지금 역사를 돌아보면 저마다 좋은 점, 나쁜 점이 있지만 방정환과 김기전이 주장했던 방향이 맞다고 생각한다. '소년 운동', '소년척후대', '소년 무산계급' 같은 말이 사라지고, 어린이라는 말만 살아남은 것도 그런 까닭일 터이다.

이제 어린이라는 말만 아니라 어린이 운동이라는 말도 다시 살려 내야 할 때다. 우리는 역사에서 무엇을 찾아내고 배워야 할까, 생각하고 또 생각할 일이다.

어른들이 가른 어린이 운동
따로 열린 어린이날 기념식

해마다 어린이날이면 비가 옵니다.

여러분의 행렬에 먼지 일지 말라고

실비 내려 보슬보슬 길바닥을 축여 줍니다.

비바람 속에서 자라난 이 땅의 자손들이라

일 년에 한 번 나들이에도 깃이 젖습니다그려.

여러분은 어머님께서 새 옷감을 매만지실 때,

물을 뿜어 주름을 펴는 것을 보셨겠지요?

그것처럼 몇 번만 더 빗발이 뿌리고 지나만 가면,

이 강산의 주름살도 비단같이 펴진답니다.

시들은 풀잎만 엉클어진 벌판에도 봄이 오면

하늘로 뻗어 오르는 파란 싹을 보셨겠지요?

당신네 팔다리에도 그 싹처럼 물이 올라서

천둥 치듯 비바람이 불어도 쓰러지지 말라고 비가 옵니다.

높이 든 깃발이 그 비에 젖습니다.

- 윤석중, 《어린이와 한평생》, 범양사

1929년 어린이날에 심훈이 쓴 축시다. 어린이날 기념식을 1923년부터 시작했으니 1929년이면 7회째인데, 어린이날이면 해마다 비가 왔다고 한다. 정말 비가 왔나? 그렇지는 않았을 것이다. 1926년 어린이날 행사 때 연동교회 유치부 어린이들이 단체로 참석했는데, 그 가운데 '공동육아와 공동체교육' 대표로 있는 정병호 교수 어머니인 이학신 할머니도 있었다. 내가 할머니한테 들은 말이다.

"그날 선생님을 따라서 동대문 쪽으로 가는데 말 탄 순경들이 행렬을 해산시키고, 깃발을 든 사람들을 잡아가서 우리끼리 울면서 집으로 왔어. 거기서 연동까지 걸어오는데 해는 뜨겁고 먼지가 펄펄 나고, 힘들었어. 집에 오니까 아버지하고 집안 어른들이 마루에서 방정환이 잡혀갔다고 걱정들을 해."

이런 증언을 보더라도 해마다 비가 왔을 것 같지는 않다. 그러니 시에서 심훈이 비가 왔다고 하는 것은 은유다. 앞부분에서는 어머니가 뿜는 물이 옷깃 주름살을 펴듯 어린이날이 이 강산을 비단같이 펴 주는 보슬비가 되기를 바라는 마음이 나타난다. 그리고 뒷부분은 어른들이 저마다 깃발을 치켜들고 천둥 치듯 시끄럽게 싸워도 어린이들이 보슬비가 되어 그 깃발에 생긴 주름을 펴 주길 바라는 마음이다. 나는 이 시를 읽을 때마다 그런 생각이 들어서 가슴이 아프고 눈물이 나려 한다.

　1925년 정홍교가 이끌던 무산소년운동단체인 반도소년회는 불교소년회와 함께 기독교와 천도교소년회 단체 몇을 모아 '경성소년총연맹'을 만든다. 그러나 일제가 그 이름을 쓰지 못하게 해서 '오월회'로 바꾼다. 방정환도 처음에는 오월회에 참여했다. 그런데 얼마 안 돼 정홍교가 김기전과 방정환이 이끌던 조선소년운동협회에서 나온다. 이 때문에 1926년과 1927년에는 어린이날 기념식을 따로 나눠서 하게 된다.

　1927년 신문 기사를 보면 조선소년운동협회 쪽은 오후 한 시부터 200개 넘는 단체가 경운동 천도교기념관에 모여 기념식을 했다. 오월회 쪽은 50개 넘는 단체가 견지동 시천교당에 모였다. 그런데 서울에서만 이렇게 따로따로 기념식을 한 것이고, 지역에서는 서로 나뉘지 않고 성대하게 어린이날 행사를 치러 냈다. 온 나라에서 50만 명이 참여했다고 한다.

　중앙 단체가 갈라졌는데도 지역 단체가 따르지 않고 이를 비판하자 두 단체는 다시 합칠 방법을 찾게 되고 1927년 10월에 조선소년연합회가 만들어지게 된다. 조선소년연합회는 방정환을 의장으로 하여 어린이날을 노동자의 날과 겹치지 않게 5월 첫 번째 일요일로 바꾸었다. 또 소년회에 가입할 수 있는 나이를 열여덟 살까지로 했다. 어린이 운동가들은 어린이를 열여덟 살까지로 본 것이다.

　조선소년연합회가 꾸려진 1928년에는 어린이날 행사를 나누

어린이날이 5월 첫 번째 일요일날로 바뀐 뒤의 포스터.
아래에 '오월첫공일'이라고 쓰여 있다.

지 않고 할 수 있었다. 그러다 오월회 쪽은 다시 무산 소년운동에 힘을 쏟아야 한다면서 방정환을 비판하더니 1929년에는 또 다시 어린이날 행사를 나누어서 했다. 심훈은 어린이 운동이 이런 현실을 이겨 내기를 바랐던 것이다.

무산소년운동은 농어촌 야학과 도시 노동 야학에 힘을 쏟았다. 김기전과 방정환을 중심으로 한 어린이 문화 운동을 '쌀밥 먹는 아이들을 위한 운동'이라고 비판하면서, 낮에는 노동을 해야 하는 어린이들을 위해 밤에 공부할 수 있는 학교를 만들자는 운동을 펼쳤다. 1930년대에 야학 운동이 불붙을 수 있었던 까닭은 오월회가 1930년대 소년 운동을 이끌었기 때문이다. 아래 노래는 야학 운동가다.

옷밥에 굶주린 동무야
눈조차 멀어서 산다냐
낮에 못 가는 학교를

한탄만 하면 뭐하나
낮에 못 배운 동무야
가난에 쫓긴 동무야
밤에 만나서 배우자

— 김정의, 《한국소년운동사》, 민족문화사

어린이 운동이 색동회와 방정환을 물리치고 오월회와 정홍교 중심으로 바뀐 것은 참으로 안타까운 일이다. 색동회와 방정환은 쌀밥 먹는 아이들만 위하고, 오월회와 정홍교는 밥도 못 먹는 아이들만 위하였나? 그럴 수는 없다. 어린이날 선언을 보면 방정환과 김기전은 어린이를 경제 억압에서 해방시켜야 한다는 점을 또렷이 드러내고 있다. 오월회도 어린이날 선언을 거의 그대로 따르고 있다. 그런데도 어린이 운동이 이처럼 날카롭게 갈라진 것은 지도층이 좌우로 갈라지면서 사회주의가 주도권을 잡는 과정을 그대로 따르고 있기 때문이다.

정홍교 쪽이 이끈 야학 운동은 옳지만 방정환 쪽을 부자 부모를 둔 어린이를 위한 운동이나 감상주의로 몰아붙인 것은 잘못이다. 방정환은 조선총독부와 이광수 쪽이 밀고 나가던 조선교육칙령에 따른 황국신민화 노예교육에 반대했다. 어린이들이 스스로 활동할 수 있는 학교 밖 소년회를 조직해서 문화 활동을 하며 어린이 해방으로 나아가고자 했다.

1930년대 야학 운동은 문화 중심이었던 소년회 활동을 지식

학습 중심으로 바꾼 것이다. 그렇다고 야학 운동이 문화 활동을 안 한 건 아니다. 문화 활동을 하면서 학과 공부를 더한 것이다. 어린이를 생각했다면 정홍교 쪽이 어린이 운동의 한 갈래로 야학 운동을 펼쳐 나가야 하지 않았을까? 어린이 운동이 본격적으로 갈라진 1930년대에 어린이들은 증오심을 배웠다. 그렇지 않았다면, 20년 뒤에 일어난 동족상잔 비극을 막거나 그나마 작게 할 수도 있지 않았을까?

오월회 쪽에서 잘못한 또 하나는, 시천교와 손을 잡고 시천교 당에서 주된 행사를 했다는 점이다. 시천교는 동학 2대 교주 최시형 수제자인 이용구가 세워서 송병준이 만든 일진회하고 같이 친일, 매국 활동을 하고 있었다. 많은 동학교인을 친일 앞잡이로 만들었다. 이에 반대하는 동학교인을 모아서 손병희가 세운 종교가 천도교다. 손병희는 동학에서 이용구보다 서열이 낮았지만 홀로서기를 했다. 시천교와 천도교는 둘 다 동학을 바탕으로 했지만, 시천교는 반민족 친일로 가는 길을 걸었고, 천도교는 민족해방으로 가는 길을 걸었다. 따라서 그때에는 시천교가 천도교보다 훨씬 큰 힘을 갖고 있었다.

오월회나 정홍교가 시천교와 손을 잡은 것은 그들이 추구했던 사상과 어긋난다. 아마도 천도교와 방정환으로 시작된 어린이 운동에서 주도권을 가져오려고 했던 것으로 보인다. 어린이 운동은 어떤 이념에 매이면 안 된다. 지구촌 생명체들이 함께 사는 평화를 위하는 길만이 어린이 운동이 나아갈 길이다.

우리 어린이들을 어찌 하오?

1930년대 상황, 방정환 선생님 돌아가시다

소파! 그대는 가난하였다.

그러나 그대처럼 넉넉한 사람이 어디 있으리요.

소파! 그대는 느리었다.

그러나 그대처럼 민첩한 사랑,

지성스런 사랑이 어디 있으리요.

(……)

더구나 소파 그대만 한 요량이 깊은 사람은 필시 생사일여(生死
一如)의 경지에서 편안히 발길을 뻗었을 것이 아닌가.

이젠 그대에겐 검열난의 고통도 없을 것이로다.

- 윤석중, 《어린이와 한 평생》, 범양사

우리 어린이 운동사에서 가장 중요한 일꾼이었던 방정환이
1931년 7월 23일 저녁 6시 54분에 돌아가셨다. 윗글은 이태준이

방정환 선생님 무덤은 망우리 공원 안에 있다.

방정환을 추도하며 쓴 글이다. 이태준은 방정환을 가난하면서도 넉넉한 사람, 일은 느리면서도 사랑은 민첩한 사람이라고 했다. 편안하게 살 수 있는데도 편안함을 따르지 않은 사람, 일제 검열에 고통받으면서도 〈어린이〉, 〈신여성〉, 〈별건곤〉, 〈학생〉, 〈혜성〉 같은 어린이, 청소년, 여성 운동에 중요한 가치를 남긴 잡지를 기획하고 편집하고 꾸려 간 사람이라고 했다.

　윤석중은 방정환이 '검정말이 끄는 검정 마차를 가지고 검정 옷 입은 마부가 데리러 왔으니 나는 가 봐야 한다' 하고 말한 뒤 돌아가셨다고 했다. 조재호는 병문안을 가 보니 삼베 홑이불을 덮고 누워 있으면서 "우리 어린이들을 어찌 하오?" 하는 한마디만 하고 다른 말은 없었다고 한다. 유광렬은 방정환이 "아이, 창

피해. 병으로 죽다니……." 하고 말했다고 한다. 일제 침략자들과 목숨 바쳐 싸우다 죽지 않고 병원 침대에 누워서 죽는 걸 부끄러워한 것이다.

방정환이 어린이 해방을 위해 펼친 문화 운동은 총칼을 들고 일제 침략자들과 맞서 싸운 것에 조금도 모자라지 않았다. 온 힘을 다해 겨레와 어린이를 위해 뛰어다니다 병에 걸렸기 때문이다.

"우리 어린이들을 어찌 하오?" 하는 말속에는, 무력 항쟁으로 나가는 어린이 운동에 대한 안타까움도 배어 있었을 것이다. 조재호와 가까운 조철호는 소년 독립군을 기르는 데 힘을 쏟았다. 소년 단체 이름도 조선소년군이었고, 중·고등학생을 대상으로 했다. 일본 육사 26기 출신인 조철호는 3·1운동 뒤 군대를 떠나 중앙고등보통학교 체육 교사를 하면서 조선소년군을 조직했다. 여러 해 동안 조선소년군을 훈련시켜 1926년 6·10만세운동을 일으켰다. 그 일로 학생 40명과 함께 체포되어 조사를 받고 중앙고등보통학교에서 쫓겨났다. 그 뒤 북간도로 가서 어린이 무장 운동을 조직했다.

1929년 광주학생항일운동은 어린이 운동이 일궈 낸 성과로 볼 수 있다. 광주학생항일운동이 일어난 뒤로 일제는 지역마다 소년회 지도자 활동을 감시했다. 어린이 문화 운동에 얽힌 모든 행사를 열지 못하게 막고, 소년 단체들을 없애기 시작했다. 더욱이 이 무렵에는 조선소년총동맹을 오월회가 이끌면서 어린이

충주소년단이 어린이날 행사 때 찍은 사진. 지금의 보이스카우트와 같은 단복을 입은 어린이들이 조선소년군이다.

운동이 계급투쟁으로 나아갔기에 방정환은 안타까움이 더 컸을 것이다. 오월회도 일제 탄압으로 어쩔 수 없이 선택한 길이었다고 볼 수도 있다. 그래도 방정환은 어린이에게 총칼을 들게 하는 것은, 끝까지 피하고 싶은 일이었을 것이다.

열 살쯤에 의병이나 독립군에 뛰어든 어린이들이 몇몇 있었으니 방정환은 죽기 전까지 이 땅 어린이들을 어찌해야 할지 걱정을 떨칠 수 없었을 것이다. 이태준이 '느리기는 하지만 사랑은 지극하다'라고 한 것은 어쩌면, 색동회가 주장했던 어린이 문화 운동은 보람이 너무 느려서 답답하게 보이지만 어린이를 사랑하는 마음만은 지극하다는 뜻이 아닐까?

어찌 되었든 일제는 1930년대 어린이 운동을 강하게 탄압했다. 동화 구연, 노래, 연극, 놀이, 미술 행사, 잡지 발행은 모두 할 수 없게 되었다. 〈어린이〉도 폐간당했다. 1937년에는 어린이 단체를 친일 어용 단체인 건아단(健兒團)으로 합치도록 강요했다. 그때 천도교소년회는 100여 개, 소년척후대가 79개 남아 있었는데 거의 모든 단체들은 지하 활동으로 들어가고 말았다.

광복 투쟁기에 활동했던 독립군, 광복군, 항일연군, 의용군, 의열단에 신흥무관학교를 나온 이들이 참여했듯이, 소년 운동을 하던 이들 또한 지하 활동으로 들어가면서 투쟁 전선 곳곳에서 활약했다고 볼 수 있다. 대한민국임시정부 요원 전백, 의열단 오봉환, 광복군 이기원, 염석산 부대 장봉순은 소년 운동 출신임을 밝혔지만 기록으로 밝히지 않은 더 많은 사람들이 있을 것이다. 소년회 단체 회원 명부들은 당연히 남아 있지 않지만 《아리랑》이 아니었다면 몰랐을 김산처럼, 이름 없이 죽어 간 수많은 독립투사들이 소년회 출신이었을지도 모르기 때문이다.

우리 시대는 다행히 어린이들이 총칼을 들고 싸워야 할 시대는 아니다. 그러나 삼베 홑이불을 덮고 서른한 살 짧은 삶을 불꽃처럼 살다 간 방정환처럼, 죽기 전에 슬픈 탄식을 뱉어 내야 하는 시대가 다시 오지 않을 거라고 확신할 수 없다. 그것은 세상을 평화로 지키고 가꾸려는 사람들과 전쟁으로 빼앗으려는 사람들 가운데 어느 쪽이 이기느냐에 따라 달라질 것이다.

평화로운 방법으로 우리들 삶을 지키고 가꾸는 일, 그래서 평화로운 문화를 만드는 일이 그 싸움에서 이길 수 있는 가장 확실한 길이라고 생각한다. 그 길이 바로 방정환이 애타게 추구하던 어린이 문화 운동이 가야 할 길이라고 믿는다. 비록 느리고 답답하더라도 어린이와 살아갈 세상을 참으로 사랑하는 마음과 사랑이 있다면 결코 그 길을 그만둘 수 없는 것이다.

어린이들이 총칼에 죽임 당하지 않는 세상, 어린이들이 총칼을 들고 사람을 죽이지 않아도 되는 세상을 위해서.

희망을 되살리는 어린이 운동

나라 밖에서 이루어진 소년회 활동

고국을 떠나 타국에 와 있는 저에게는 고국에서 오는 〈어린이〉 잡지가 어떻게 위로가 되고 기쁨을 주는지 모릅니다. 첫 호부터 신년 호까지 한 권도 빼지 않고 읽었습니다.

– 중국 남경 명덕소학교 장신성, 〈어린이〉 1924년 2월호 '독자담화실'

남쪽으로 내 본국을 향하야 늘 울고 있습니다. 이곳에서 나서 이곳에서 자라서 이곳 학교에서 공부는 잘하고 있습니다. 그러나 때때로 남의 나라 사람들에게 압박을 받고 있는 것은 슬픕니다. 본국에서 오는 〈어린이〉 잡지를 읽는 것으로 큰 위안을 얻으나 〈어린이〉 잡지는 마음대로 왕래하는데 나는 왜 본국에 가 보지 못하나 하고 웁니다. 내 본국 산천이 어떻게 생겼는지도 모르고 사는 사람이라 〈어린이〉 독자 여러 동무께도 인사드리지 못하고 있었으니 용서하시고 편지로라도 많이 지도해 주시기 바랍니다.

– 중국 길림성 동명학교 원유상, 〈어린이〉 1924년 9월호 '독자담화실'

윗글들은 1920년대 중국에서 〈어린이〉를 받아 보던 아이들이 독자란에 보내온 글이다. 소년회 활동 가운데 하나가 〈어린이〉 읽기였다. 그런데 중국 땅에서 〈어린이〉를 읽은 것을 보면 어린이 운동가들은 나라 밖에서도 어린이 단체를 조직해서 활동했던 것이다.

소년회는 나라 안보다 밖에서 먼저 시작되었다. 상해 임시정부는 인성학교(교장 여운형) 학생들을 중심으로 1919년 상해소년회를 만들었다. 연해주 한인촌에서는 소년애국단을 만들었다. 이것을 보면 임정에서 나라 안팎에 독립운동을 이끌 어린이 단체를 만들기 시작했던 것 같다. 나라 밖에서 시작한 어린이 운동은 어린이를 위한 단체라기보다는 독립운동을 위한 어린이 무장 전위 조직이었다.

군사 활동을 이끈 어린이 단체는 미국에서 먼저 시작했다. 미국에서 활동하던 대한인국민회(박용만)는 이미 1909년 한국인 소년 군사 운동을 구상했다. 1910년에는 여름방학 동안 네브라스카 웨스팅스(Nebraska Westings)에 있는 웨스팅스 전문학교를 빌려서 '한인 소년병학교'를 꾸렸다. 학생들은 낮에는 농장에서 일하고, 저녁에는 군사학을 공부했다. 1918년에는 이러한 학교를 여섯 개 넘게 꾸렸다. 이승만은 소년병학교 교원 경력으로 하와이에서 1914년에 기독교학원을 세우고, 1918년 한인보이

웨스팅스에 있는 '한인 소년병학교' 학생들이 훈련을 마치고 잠시 쉬고 있다. 1912~1913년경으로 추정된다.

스카우트를 조직했다. 미주소년단 지도자들은 기금을 모아 소년척후단 조선총연맹(총재 이상재)에 보내서 나라 안 소년 운동을 지원하기도 했다.

이승만과 안창호를 비롯한 미주 독립운동가들은 상해 대한민국 임시정부에서 중요한 직책을 맡았다. 그래서 임시정부가 세워지면서 상해소년회와 연해주 소년애국단을 조직할 수 있었다.

상해소년회는 김구 주석 때 한인동자군, 한인척후대로 바뀌면서 임시정부 유인물을 나눠 주는 선전대 몫을 했다. 조소앙은 1929년 한국독립당을 세우면서 한인 소년 소녀들을 회원으로 하는 화랑사를 조직한다. 화랑사가 어떤 성격을 띠는지는 이름만으로도 짐작할 수 있다. 1932년 한국독립당 상황을 밝혀 놓은 글을 보면 임시정부를 비롯한 주요 열네 단체 가운데 한인소년동맹, 화랑사, 척후대 세 단체가 소년 운동 단체였다. 그만큼 상해에서 소년 운동 단체를 중요하게 여겼다는 것을 알 수 있다.

미주 소년 운동이 민족 교육과 군사교육을 주로 하였다면 상해 소년 운동은 임시정부 아래에서 〈새싹〉, 〈노동소년〉 같은 잡지를 펴내는 문화 운동을 했다. 또 임시정부 선전대나 연락 일을 하는 준군사 조직 역할을 맡기도 했다.

해간도(연해주와 간도 지역)에서는 1930년대가 되면서 소년 단체는 조선소년군처럼 무장 투쟁을 하는 소년 군사 조직으로 변화했다. 조선소년군은 1930년까지 약 60대가 넘게 조직되어 있었는데 1935년 제58호대(대장 염병언) 활동을 끝으로 기록에 나타나지 않는다.

그렇다고 해간도 소년 운동이 군사 운동만 했던 것은 아니다. 〈어린이〉 독자 투고에서 알 수 있듯이 중국 곳곳 한국 사람이 사는 고장에는 〈어린이〉를 구독하는 어린이 단체들이 있었다. 윤동주가 다니던 명동소학교에서도 〈어린이〉를 구독했다는 것을 미루어 알 수 있다. 윤동주와 문익환은 명동소학교 어린이 신문과 소년 문학 동인잡지를 만들었다.

이런 활동은 방정환이 〈어린이〉 독자들한테 꾸준히 권하던 활동이다. 마산 신화소년회 회원이었던 이원수처럼 〈어린이〉를 보던 많은 소년 소녀들이 비슷한 활동을 했다. 어린 문선대원들이 항일연군 기지에 와서 노래와 연극을 하고 갔다는 기록에서도 조선소년군들이 어린이 문화 운동에 영향을 받았다는 걸 알 수 있다.

항일 투쟁기 어린이 운동은 시대 상황 때문에 시작부터 무장 투쟁이나 준군사 조직 성격을 띨 수밖에 없었다. 방정환이 색동회를 조직하고, 김기전이 천도교소년회를 만들면서부터 군사 훈련에 앞서 놀이와 노래, 문학과 예술로 어린이 삶을 올바르게 가꾸기 위한 어린이 해방 운동이 펼쳐졌다. 그러나 방정환이 펼쳐 나가던 소년회에서도 체력을 강하게 하고자 체조와 놀이를 주요 활동 가운데 하나로 삼았다. 군사 훈련이나 선전대 활동을 중심으로 하던 소년군이나 척후대에서도 〈어린이〉를 통해 노래나 연극, 문학과 예술 활동을 했다. 그러나 1930년대부터 어린이 운동이 탄압을 받으면서 1945년 해방될 때까지 지하활동으로 들어가게 된다.

하지만 해방이 되었어도 어린이 문화 운동은 다시 살아나지 못했다. 한 시대가 남긴 유산으로 묻히고 말았다. 그 뒤로 지금까지 우리 사회는 지구상에서 가장 영악하게 어린이에게서 어린 시절을 빼앗았다. 그 결과 어린이를 작은 어른으로 만드는 사회, 어린이와 청소년이 가장 많이 자살하는 사회, 어린이가 살아갈 앞날을 빼앗는 사회가 된 것이다. 서양 옛이야기 '피리 부는 사나이'에서 볼 수 있듯이 어린이가 없는 사회는 앞날이 없는 사회다. 희망이 없는 사회다.

이제 희망을 되살리기 위해서, 1923년 조선소년지도자대회에 참석했던 강원도 철원소년회 지도자 이용순이 쓴 글을 되새겨 본다.

소년 운동은 어느 정치 운동이나 부인 운동이나 로동 운동과 같이 인류 중의 어느 부분 운동이 아니고 그 밑, 맨 밑에 바닥을 짓는 인간 운동이다.

– 이용순, 〈어린이〉 1923년 9월호

6·25전쟁 뒤 사라진 어린이 운동

일제강점기에 어린 시절을 보낸 사람들을 돌아보며

어린이 운동은 3·1운동 즈음부터 싹이 터서 1930년대 말까지 활발하게 꽃을 피웠다. 처음 10년은 일제 식민 아래 정치 억압과 봉건 윤리에 눌려 사는 어린이들을 해방시키는 방법으로 어린이 해방 사상과 어린이 문화 운동을 택한 방정환 계열이 주류였다. 어린이가 해방되려면 민족 독립이 먼저 이루어져야 했기 때문에 방정환이 이끈 어린이 운동은 민족 해방 사상과 맞닿아 있었다.

1920년대 말부터 1930년대 말까지는 독립운동에서 사회주의가 주도권을 잡으면서 어린이 운동은 정홍교를 중심으로 무산 계층 어린이를 대상으로 흐름이 바뀌었다. 1940년대에는 일제 탄압으로 지하로 숨어들었다. 항일 투쟁기에 피어난 어린이 운동은 우리 근현대사에 큰 영향을 끼쳤다. 다만 그 뜻을 역사에서 밝혀 내지 못했기 때문에 뚜렷이 드러나지 않는 것이다. 이는 어른 중심인 사회 구조가 만들어 낸 한계이기도 하다.

《문익환 평전》을 보면 명동소학교 시절 이야기가 나온다. 윤동주는 4학년부터 〈어린이〉를 읽었고, 윤동주 사촌 송몽규는 〈아이생활〉을 구독했다고 한다. 5학년 때는 윤동주와 중심이 되어 〈새 명동〉이라는 어린이 잡지를 냈다고 한다. 윤동주는 펜으로, 송몽규는 총으로 일제와 맞서게 된 것은 우연일까? 문익환이 시와 춤과 몸짓으로 통일 운동에 뛰어든 것도 우연이었을까? 뭐라고 잘라 말할 수는 없다. 하지만 그들 모두 어린이 운동에서 영향을 받으며 자란 것은 확실하다.

《민족의 참 교육자 학산 윤윤기》를 읽다가 어느 한 줄에서 눈이 번쩍 뜨였다. 윤윤기는 전남 보성에서 교육 운동과 독립운동에 몸을 바치다 6·25전쟁 때 학살당했다. 제자들 이야기 가운데 선생님이 풍금을 치면서 '아리랑'과 '푸른 하늘 은하수' 노래를 가르쳐 주는 장면이 나온다. '푸른 하늘 은하수'는 윤극영이 작곡한 '반달'에 나오는 가사이다. 윤극영은 색동회 회원이었고, '다리아회'라는 어린이 노래 모임을 만들어서 활동했다. 그 노래들은 어린이 운동가들과 함께 다시 보성이라는 바닷가까지, 이오덕이 자란 경북 청송 화목이라는 산골까지 퍼져 나갔다.

얼마 전에 텔레비전에서 민족 기업인 유한양행을 세운 유일한 이야기를 봤다. 유일한은 아홉 살 때 미국에서 박용만이 세운 한인 소년병학교에서 훈련을 받았다고 한다. 우리 현대사에서 중요한 빛을 남긴 사람들 가운데 많은 수가 어린이 운동을 경험했다고 미루어 짐작할 수 있다. 1945년 해방 뒤, 정치 사회 운동과 마찬가지로 어린이 운동도 다시 고개를 들기 시작했다. 조재호는 그때 우리 사회 모습을 다음과 같이 떠올린다.

> 하루는 경운동 천도교당 앞을 지나다 옛날 이헌구, 정인섭을 만났다. 2층에 올라가니 고한승이 〈어린이〉를 속간한다고 사무실을 마련하고 분주히 서두르고 있었다. 나는 기쁜 마음을 금치 못하면서 그 장래 발전을 축하하였던 것이다. 해외에 있던 동인들이 차차 귀국했다. 그래도 살아남아서 다시 만나서 색동회 운운하게 되니 다시없는 행복감에 흐뭇하였다.
>
> - 정인섭,《색동회 어린이 운동사》, 학원사

1948년에 〈어린이〉가 다시 나오고, 색동회가 재건되었고, 정홍교는 소년운동가협회를 재건했다. 새로 만드는 초등 국어 교과서에 방정환이 실리고, 1946년 첫 일요일인 5월 5일 어린이날이 부활하였다. 그 뒤부터 어린이날이 5월 5일로 굳어졌다. 1947년에는 윤극영을 중심으로 노래동무회, 동요연구협회가 만들어졌다. 1949년 5월 5일에는 서울운동장에서 제27회 어린이날 행사가 열었다. 어린이 잡지도 쏟아져 나왔다. 1950년 5월 5일에는 신문, 잡지, 방송에서 어린이날에 담긴 뜻을 되새기면서 정부, 학교, 부모, 어린이 단체, 어린이 문학가들한테 퍼져 나갔다. 점점 더 활발하게 되살아나는 것처럼 보였다.

우리 나라가 해방 뒤 처음으로 맞는 1946년 5월 5일 어린이날 태극기를 들고 시가행렬을 하는 어린이들. 이때부터 어린이날은 5월 5일이 되었다.

하지만 6·25전쟁이 일어나면서 어린이 운동은 큰 어려움을 겪는다. 주요 활동가들이 대한민국과 조선민주주의인민공화국 앞잡이들한테 떼죽음을 당한다. 죽임을 당한 사람들은 거의 중도 우파나 중도 좌파에 속한다. 그들은 거의 민족 분단과 동족 상잔에 반대했던 사람들이다. 지역사회에 영향을 끼치던 그들은 극좌나 극우가 아니면서도 6·25전쟁 앞뒤로 남북 양쪽 군대와 경찰에 학살이나 납치를 당한다.

손진태, 정순철은 북으로 납북되고, 고한승은 병으로 죽고, 정인섭은 영국으로 건너갔다. 6·25전쟁이 끝났을 때 남쪽에 남은 사람들은 반공 전선에 앞장서거나 전향해야만 했다. 마해송은 반공 전선에 앞장섰고, 정홍교는 전향했고, 이원수는 남북을 오가다 남쪽에서 죽을 뻔했는데, '고향 생각'을 쓴 작가라는 문인들 보증으로 겨우 살아났다. 그러나 1949년에 쓴 《숲 속 나라》를 빌미로 좌파라고 공격하는 일부 문인들 때문에 죽을 때까지 마음껏 활동할 수 없었다. 죽고 나서는 1940년대 금융조합 회지에 실린 시 몇 편이 친일 시라고 친일 문학가로 비판을 받기도 했다. 한 부분만 보고 한 사람의 삶 전체를 싸잡아 비판하는 건 슬픈 일이다.

6·25전쟁이 끝난 뒤 1957년에 정부에서는 '대한민국 어린이 헌장'을 발표했다. 1961년 5월 5일에는 시공관에서 정부 주관으로 어린이날 기념식이 열렸다. 윤보선 대통령, 장면 총리, 국회 의장, 대법원장들이 참여했다. 이때부터 어린이날이 대통령이 참여하는 국가 행사가 되었다. 1975년에는 어린이날이 국가 공휴일이 되었다. 하지만 어린이날은 화려한 기념행사로 바뀌었고, 자본주의 상품이 되어 버렸다. 1920년대 어린이 해방 사상은 버려졌고, 어린이 해방을 위해 앞장섰던 방정환은 알맹이 없이 껍데기만 남은 우상이 되고 말았다.

1920년대는 일제 식민지와 조선 봉건 윤리라는 이중 억압에서 어린이를 해방시켜야 했다. 어린이 운동은 이러한 정신을 갖고 도전하였다. 해방 뒤 어린이들은 민족 분단과 독재 정권, 자본주의 안에서 살아가고 있다. 안타깝게 아이들은 상업주의, 개인 입신출세만 추구하는 자유주의, 자연을 착취 대상으로만 바라보는 반자연주의에 갇혔다.

어린이 운동은 분단을 이겨 내고, 민주주의, 공동체, 생명 존중을 지향하는 문화 운동으로 펼쳐져야 했다. 하지만 그렇지 못했기 때문에 해방 뒤 어린이는 자본주의 상품이 되어 버렸고, 어린이 운동이라는 이름마저 없어지고 만 것이다.

2부

현대
어린이 문화 운동

뒷걸음한 대한민국 어린이헌장

1957년의 어린이헌장, 1988년의 어린이헌장

우리 나라에는 '대한민국 어린이헌장'이 있다. 대한민국에 어린이헌장이 있다고 하면 고개를 갸웃거릴 사람이 꽤 많을 것이다. 어른이나 어린이나 '그런 게 있었나?' 할 것이다. 교사들이라면 이름은 들어 보았겠다. 해마다 어린이날 기념식 때 교장이나 교감이 큰소리로 읽어 주니까. 그렇지만 교사들에게 그 내용이 뭐냐고 물어보면 역시 대답하기 어려워할 것이다. 교원 임용 시험이나 교감 승진 시험에 나온다면 꼭 외울 텐데, 아직까지 어린이헌장 문제가 나왔다는 말을 들은 적이 없다. 어린이들을 하늘처럼 섬겨야 할 교원을 뽑는 임용 시험에도 나오지 않는 게 '대한민국 어린이헌장'이다.

대한민국 어린이헌장은 두 번 제정하였다. 첫 번째 어린이헌장은 1957년에 보건사회부가 국무회의에 상정해서 의결한 것으로, '제40회 국무회의 상정 안건 철'에 들어 있다. 국제연맹이 채택한 '아동권리선언'이 나온 뒤에 우리 나라는 어린이 보호와 관련한 법률이나 기본 강령이 없다면서 '어린이 육성의 기본 정신을 밝히고 어린이의 천부 인권을 존중해 주기 위해서'라고 밝히고 있다.

이 어린이헌장은 보건사회부 의뢰를 받아 한국동화작가협회 일곱 명이 초안을 짰는데, 실제로는 마해송과 강소천이 초안을 만들었다. 보건사회부 안으로 국무회의에서 심의를 거쳐서 확정되었고, 1957년 어린이날을 맞아 내무부, 법무부, 문교부, 보건사회부 장관 이름으로 공포되었다.

대한민국 어린이헌장(1957년)

어린이는 나라와 겨레의 앞날을 이어 나갈 새 사람이므로 그들의 몸과 마음을 귀히 여겨 옳고 아름답고 씩씩하게 자라도록 힘써야 한다.

1. 어린이는 인간으로서 존중하여야 하며 사회의 한 사람으로서 올바르게 키워야 한다.

2. 어린이는 튼튼하게 낳아 가정과 사회에서 참된 애정으로 교육하여야 한다.

3. 어린이에게는 마음껏 놀고 공부할 수 있는 시설과 환경을 마련해 주어야 한다.

4. 어린이는 공부나 일이 몸과 마음에 짐이 되지 않아야 한다.

5. 어린이는 위험한 때에 맨 먼저 구출하여야 한다.

6. 어린이는 어떠한 경우에라도 악용의 대상이 되어서는 아니 된
다.

7. 굶주린 어린이는 먹여야 한다. 병든 어린이는 치료해 주어야
하고 신체와 정신에 결함이 있는 어린이는 도와주어야 한다.
불량아는 교화하여야 하고 고아와 부랑아는 구호하여야 한다.

8. 어린이는 자연과 예술을 사랑하고 과학을 탐구하며 도의를 존
중하도록 이끌어야 한다.

9. 어린이는 좋은 국민으로서 인류의 자유와 평화와 문화 발전에
공헌할 수 있도록 키워야 한다.

어린이헌장을 공포하면서 어린이날은 국가 공식 행사가 되었
다. 그 뒤 1988년 제66회 어린이날을 맞아 '어린이헌장'은 민주
사회 시민으로서 어린이 상을 구체로 표현한다면서 다음과 같
이 개정했다.

개정한 대한민국 어린이헌장(1988년)

대한민국 어린이 헌장은 어린이날의 참뜻을 바탕으로 하여, 모든
어린이가 차별 없이 인간으로서의 존엄성을 지니고, 나라의 앞날
을 이어 나갈 새 사람으로 존중되며, 바르고 아름답고 씩씩하게
자라도록 함을 길잡이로 삼는다.

1. 어린이는 건전하게 태어나 따뜻한 가정에서 사랑 속에 자라야
한다.

2. 어린이는 고른 영양을 취하고, 질병의 예방과 치료를 받으며, 맑고 깨끗한 환경에서 살아야 한다.

3. 어린이는 누구나 좋은 교육 시설에서 개인의 능력과 소질에 따라 교육을 받아야 한다.

4. 어린이는 빛나는 우리 문화를 이어받아, 새롭게 창조하고 널리 펴 나가는 힘을 길러야 한다.

5. 어린이는 즐겁고 유익한 놀이와 오락을 위한 시설과 공간을 제공받아야 한다.

6. 어린이는 예의와 질서를 지키며, 한겨레로서 서로 돕고, 스스로를 이기며 책임을 다하는 민주 시민으로 자라야 한다.

7. 어린이는 자연과 예술을 사랑하고 과학을 탐구하는 마음과 태도를 길러야 한다.

8. 어린이는 해로운 사회 환경과 위험으로부터 먼저 보호되어야 한다.

9. 어린이는 학대를 받거나 버림을 당해서는 안 되고, 나쁜 일과 짐이 되는 노동에 이용되지 말아야 한다.

10. 몸이나 마음에 장애를 가진 어린이는 필요한 교육과 치료를 받아야 하고, 빗나간 어린이는 선도되어야 한다.

11. 어린이는 우리의 내일이며 소망이다. 나라의 앞날을 짊어질 한국인으로, 인류의 평화에 이바지할 수 있는 세계인으로 키워야 한다.

어린이날이 법정 공휴일이 되고 어린이헌장이 다시 만들어지니 얼핏 보면 어린이 권리를 높인 듯 보이지만 잘 살펴보면 오히려 뒷걸음한 것이다. 1923년에 발표된 어린이날 선언문은 어린이를 재래의 윤리적 압박, 경제적 압박으로부터 해방시키고 어린이들이 고요히 배우고 즐거이 놀 수 있는 가정과 사회 시설을 촉구하는 것이다. 그런데 어린이헌장은 보호와 교육 중심으로 뒷걸음한 것이다. 더구나 새로 개정하면서 7항에 있던 '굶주린 어린이는 먹여야 한다'는 조항을 없앴다.

나는 그때 공청회에서 '단 한 명이라도 굶주리는 아이들이 있는 한 이 조항은 뺄 수 없다'며 항의했지만 무시당했다. 그나마 내 항의를 들었던 신문기자들이 정말 굶주리는 아이들이 있느냐고 물어서 점심을 굶는 우리 반 아이를 소개했다. 그 기사가 신문에 크게 나면서 정부에서 점심을 굶는 아이들에게 점심을 주기로 했지만 끝내 그 조항은 빠지고 말았다.

아직도 우리 나라에는 굶주리는 아이들이 있다. 학교 급식만 먹고 하루를 보내는 아이들이 있는데, 빠진 이 조항은 언제나 다시 들어갈 수 있을지 모르겠다.

4·19혁명은 어린이 혁명이다

어린이 시위와 죽음

　자유당 정부가 1957년에 어린이헌장을 발표했지만 그 내용은 지켜지지 않았다. '어린이는 어떠한 경우에라도 악용의 대상이 되어서는 아니 된다', '굶주린 어린이는 먹여야 한다'는 조항이 있었지만 자유당 정부는 이승만과 자유당을 지지하는 관제 시위에 초·중·고등학생들을 동원했다. 정부가 앞장서서 어린이들을 악용한 것이다. 수십만 어린이들이 굶주리고, 거리로 내몰리는 것에는 관심조차 두지 않았다.

　그런데 자유당 정권이 학생들에게 관제 데모를 시킨 결과는 오히려 자유당 정권이 몰락하는 길을 앞당긴 꼴이 되었다. 1960년 3·15 부정 선거를 치르고도 어른들이 꼼짝 못 하고 있을 때, 가장 먼저 부정선거를 규탄하는 시위를 벌인 사람들이 바로 초·중·고등학생들이기 때문이다.

4·19혁명은 2·28대구 민주 운동에서 비롯되었다. 관제데모에 동원되었던 학생들이 일요 등교에 거부하며 스스로 시위를 전개해 나갔다.

언제까지 우리가 자유당과 이승만의 들러리가 되어야 합니까? 이 번만은 참지 맙시다. 여러분! 사실 우리 학생이야말로 시위 전문 가 아닙니까? 국민학교 때부터 이승만 정권이 제대로 가르쳐 준 게 있다면 시위하는 방법이 아니겠습니까? 이 정권이 가르쳐 준 대로 그대로 돌려줍시다. 이번에는 누구의 명령이 아니라 우리들 스스로 한번 해 봅시다.

– 윤석연, 《4·19혁명》, 한겨레틴틴

1960년 3월 15일 정부통령 선거를 앞두고 2월 28일 일요일 대구 시내 수성천변에서 야당 부통령 후보 장면의 선거연설회가 있었다. 전국의 관심이 집중되자 자유당 정부는 학생들이 유세장에 가지 못하도록 일요일에 등교를 지시했다. 학교에 모인 학생들은 학교를 나와 자유당을 규탄하고 나섰다. 3·15선거가 불법과 부정으로 얼룩진 뒤에도 가장 먼저 선거를 다시 하라고 요구한 것은 대학생이나 어른들이 아니라 초·중·고등학생들이었다.

방정환은 스무 살 미만은 모두 어린이라고 했다. 1927년 조선소년연합회에서는 소년회에 가입할 수 있는 나이를 열여덟 살까지로 했다. 우리 나라 현재 법으로도 조금씩 차이는 있지만 열여덟 살 미만은 아동에 속한다. 요즘은 굳이 아동과 청소년을 나누려 하고, 초등학생만 어린이라고 생각한다. 이런 생각은 박정희 정권 때부터 널리 퍼졌다. 그렇게 해서 4·19혁명이 '어린이'와 관계가 없다는 생각을 하게 만들었다. 4월 18일에 시위를 하고 돌아가던 대학생들에게 가한 정치 깡패 폭력과 4월 25일 대학교수 선언만을 두드러지게 했다. 그렇게 해서 4·19혁명을 어린이 혁명이 아니라 대학생과 대학교수 혁명으로 왜곡시켰다.

물론 4·19혁명 때, 대학생과 국민들이 모두 나서서 자유당 독재 정권을 무너뜨렸다. 그러나 혁명을 시작하고 완성시킨 사람들은 어린이들이다. 따라서 4·19혁명은 어린이 혁명인 것이다. 방정환이 말한 어린이 개념으로 보면, 초·중·고등학생들이 일으킨 혁명이니 분명 어린이 혁명이다. 어린이를 요즘처럼 초등학생으로 축소된 개념으로 봐도 어린이가 함께한 혁명이다. 4·19혁명 뒤인 1961년에 우리 나라에서 처음으로 '아동복리법'이 제정된 걸 봐도 4·19혁명은 어린이 혁명이다.

시간이 지날수록 4·19혁명을 초·중·고등학생이 시작하고 완성했다는 것을 어른들이 잊는 것 같다. 게다가 초등학생 어린이는 아예 쏙 빼놓는다. 수송초등학교 6학년 어린이들 시위와 강명희 어린이가 쓴 시가 가끔 인용되기는 하지만 혁명 가운데 일어난 우연한 일쯤으로 보는 것 같다. '어린애들이 뭘 안다고 그런 시를 쓰고 시위에 나왔겠어? 누가 써 주었거나 담임이 끌고 나왔겠지, 우연히 시위 현장에 있다가 총 맞아 죽었겠지' 하면서 업신여긴다.

역사를 쓰는 사람들도 4·19혁명에서 어린이가 한 역할을 잘 다루지 않는다. 채록한 자료도 보기 힘들다. 다만, 한겨레틴틴에서 '십대가 만난 현대사' 시리즈로 펴낸 《4·19혁명》에서 어린이를 깊이 있게 다뤄 주었다.

4월 26일, 이른 새벽 고 기자는 중앙청 앞 탱크를 향해 가는 한 아이를 보았다. …… "군인 아저씨들, 총 쏘지 마세요. 내 친구가 총에 맞아 죽었어요." …… 아이는 아무렇지도 않게 말을 하고 아무렇지도 않게 가던 길을 갔다. 아이의 말 한마디가 백 마디 이론보다 간결했다. 어른들이라면 저 아이처럼 할 수 있을까? …… 어느새 거리는 사람들로 가득 채워지고 있었다. 어디서 왔는지 아이들이 "군인들은 우리 편이다."라고 외치며 탱크 위에 빼곡히 올라가 있었다. …… 무기를 무기로 대하지 않는 사람은 어른이 아니라 아이들이었다. 만약 이것이 혁명이라면, 이 혁명은 아이들 손에서 완성되고 있었다. 그제야 고 기자는 깨달았다. 왜 혁명의 시가 어른이 아니라 어린이 손에서 쓰였는지를.

– 윤석연, 《4·19혁명》, 한겨레틴틴

4·19혁명을 어린이 손에서 완성되었다고 본 이 글은 4·19혁명을 꿰뚫어 본 진실이다.

《4·19혁명 통사》에서도 초등학교 어린이들이 4·19혁명에 어떻게 참여했는지 그 단편들을 만날 수 있다. 부산에서는 할아버지와 어린이들이 애국가를 부르며 시위하고, 대구에서는 초등학생들이 시위를 했다. 수송초등학교 어린이를 중심으로 한 어린이 시위대는 '어린이들의 죽음을 시민들은 방관하려는가?'라는 구호와 어린이 노래를 부르면서 국회의사당까지 행진했다. 국회의사당 앞에서는 애국가를 부르며 시위하자 시민들은 박수를 치며 환호했다.

트럭 몇 대에 나누어 탄 소년 시위대는 세종로 네거리로 들어섰다. 소년들은 "국군은 우리 편이다." 외치면서 세종로에 늘어서 있던 탱크 위로 하나둘씩 기어올랐다. 탱크 세 대는 어느새 소년들로 새까맣게 덮여 버렸다. 4·19기념관 사진 전시 가운데는 수원 어린이들이 '민주주의 도살한 원흉을 가차없이 색출하

수원 어린이들이 연좌시위하고 있는 모습.

라'라고 쓰인 현수막을 펼쳐 들고 연좌시위를 하고 있는 사진이
있다.

　자유당 정권은 김주열을 비롯한 고등학생 말고도 더 어린 초
등학생들도 총으로 쏘아 죽였다. 박경일은 성남초등학교 4학년
인데, 4월 18일 부산 서면경찰서 앞에서 총상을 입고 다음 날
교통병원에서 죽었다. 안병채는 동신초등학교 4학년인데 4월
19일 신설동 네거리 시위 대열에서 죽었다. 임동성은 종암초등
학교 4학년인데 4월 19일 시위 대열에서 총상으로 죽었다. 금호
초등학교 6학년 정대성과 전주초등학교 5학년 강석술은 4월 19
일 동대문경찰서 앞에서 총상으로 죽었다.

　수송초등학교 어린이들 시위로 널리 알려진 6학년 전항승은

수송초등학교 어린이들이 '부모형제들에게 총뿌리를 대지 마라'는 구호가 적힌 현수막을 들고 시위하고 있다.

4월 19일 태평로 광화문에서 총에 맞아 목숨을 잃었다. 이렇게 많은 어린이들이 4·19혁명 시작부터 목숨을 잃었고, 마지막까지 함께했다. 정한승 어린이가 사망하자 수송초등하교 어린이들은 4월 26일 시위에 나섰다. 이 시위에 함께한 4학년 강명희는 다음과 같은 시를 썼다.

(……)
나는 알아요 우리는 알아요
엄마 아빠 말 안 해도
오빠와 언니들이 왜 피를 흘렸는지를
(……)

우리는 오빠 언니들의

뒤를 따르럽니다.

이 시는 4·19혁명을 완성시켰다. 그런데 군사 독재 정권은 총칼로 정권을 차지하더니 수송초등학교를 폐교시켰다. 학교에서 4·19혁명 기념식도 하지 못하게 했다. 또한 어린이들을 유치하고 미완성된 동물로 둔갑시켜 우리 기억에서 지워 버렸다.

어린이 권리를 지켜 주지 않는 나라, 어린이들을 죽이는 사회, 어린이 혁명을 묻어 버린 역사는 내일이 없다.

전태일의 동심, 불꽃으로 피어오르다
어린이 노동자를 위한 길

　군사 독재 정권과 산업자본가들이 사월 어린이 혁명을 짓밟고 만든 현실은 처참했다. 농촌공동체를 빠르게 무너뜨렸고, 가난한 도시 노동자들을 많이 만들어 냈다. 그 도시 노동자들 가운데는 초등학교를 졸업한 열서너 살짜리 소년 소녀들도 수십만에 달했다. 공장에 다니는 어린이들은 몸과 마음이 병들어 죽어 갔다. 이런 현실을 바꾸겠다고, 한 바보가 십자가를 지고 걸어갔다. 바로 전태일 열사다.

　1970년 11월 13일, 전태일 열사가 가슴에 품은 근로기준법과 함께 자기 몸을 불살라 버린 사건이 일어났다. 그 일은 우리 현대사에 엄청난 충격을 주었고, 현대사를 바꾸는 힘이 되기도 했다. 그 까닭이 무엇일까? 전태일이 끊임없이 우리 사회에서 부활하는 까닭은 전태일이 동심을 끝까지 지켰기 때문이다.

　전태일이 보여 준 참 동심이 많은 사람들 마음속에 부끄러움

전태일이 분신했던 평화시장 앞에 있는 청계천 '버들다리'
는 전태일 분신 40주기에 '전태일 다리가'가 되었다. 전태
일 반신 부조가 세워져 있다.

과 용기, 두려움과 죽음을 넘어설 수 있는 힘을 주었다. 부끄러움을 깨달을 수 있는 양심이 동심이다. 전태일이 보여 준 동심으로 우리는 가난한 어린 민중을 억압하고 착취하는 군사 독재 정권과 산업자본 현실을 또렷하게 볼 수 있었다.

이 결단을 두고 얼마나 오랜 시간을 망설이고 괴로워했던가? 지금 이 시간 완전에 가까운 결단을 내렸다. 나는 돌아가야 한다. 꼭 돌아가야 한다. 불쌍한 내 형제들 곁으로, 내 마음의 고향으로 내 이상의 전부인 평화시장의 어린 동심 곁으로. 생을 두고 맹세한 내가 그 많은 시간과 공간 속에서 내가 돌보지 않으면 아니 될 나약한 생명체들. 나를 버리고, 나를 죽이고 가마. 조금만 참고 견디어라. 너희들 곁을 떠나지 않기 위하여 나약한 나를 다 바치마. 너희들은 내 마음의 고향이로다.

- 오도엽,《불꽃이 된 노동자》, 한겨레아이들

전태일이 1970년 8월 9일에 쓴 일기다. 어른들 욕심 때문에 고통받는 어린이들을 살리려고, 전태일은 불꽃이 되었다. 그가

이루고자 한 일은 거창한 게 아니었다. 근로기준법을 지켜 달라
는 거고, 일한 만큼 돈을 달라는 거고, 어린이들이 공장을 다니
면서도 공부할 수 있게 해 달라는 거고, 어리다는 이유로 차별
받지 않게 해 달라는 거였다. 당연히 지켜져야 할 것들이 지켜
지지 않으니 목숨까지 바친 것이다.

전태일이 십자가를 지고 걸어간 삶과 죽음은 수많은 노동자,
종교인, 정치가, 문학가, 교육자, 대학생들 삶을 바꿔 주었다.
어린이가 살아가는 현실을 볼 수 있는 눈을 뜨게 했고, 어린이
를 살리는 일에 앞장설 용기를 주었다.

'고향의 봄'의 작사자 이원수는 전태일 일을 모른 척 지나갈
수 없어 동화 〈불새의 춤〉을 썼다. 그 마음을 담아낸 동시는 〈겨
울 물오리〉다.

얼음 얼은 강물이
춥지도 않니?
동동동 떠다니는
물오리들아.

얼음장 위에서도
맨발로 노는
아장아장 물오리
귀여운 새야.

나도 이젠 찬바람

무섭지 않다.

오리들아, 이 강에서

같이 살자.

– 이주영, 《별님동무 고기동무》, 우리교육

이원수는 얼음 언 강물처럼 춥고 어려운 현실에 맨발로 맞서며 살아가는 가난한 아이들과 함께 살고자 했다. 독재 정부가 반공 논리로 억압하는 현실이라 나서기 두려웠지만, 이젠 그 무서움과 두려움을 이겨 내겠다는 마음을 읽을 수 있다. 이오덕은 이원수 도움을 받으며 어린이 문학을 가벼운 취미거리로 삼는 어린이 문학가를 비판했다. 독재 정권의 뜻을 따르고, 상업주의에 빠진 어린이 문학을 날카롭게 비판했다.

이오덕은 1977년에 우리 나라 교육 현실을 비판한 《이 아이들을 어찌할 것인가》를 펴냈다. 아이들을 위해 목숨을 바치는 사람도 있는데, 그 백분의 일도 못 되는 양심을 갖고 쓴 글이라 생각할수록 부끄럽고, 죄스럽다고 고백했다. 이 책은 젊은 교사들한테 큰 충격을 주었다. '나이 많은 교육자도 아이들을 살리려고 이렇게 용감하게 말하는데 젊은 교사들인 우리는 뭘 하고 있나?' 하는 생각이 들었기 때문이다. 1978년 6월 27일에는 '우리의 교육 지표' 선언이 발표되었다. 성래운 교수와 송기숙 교수가 쓰고, 전남대학교 교수 11명이 서명해서 발표한 것이다.

《이 아이들을 어찌할 것인가》와 '우리의 교육 지표' 선언은 교육자들이 두려움을 떨치고 일어나 1980년대 참교육 물결을 일으키게 한 전환점이 되었다. 그 뜻은 '한국글쓰기교육연구회'와 '전국교직원노동조합(전교조)'을 비롯한 교육자 단체로 이어지고 있다.

대학생 벗이 한 명이라도 있으면 좋겠다던 전태일은 죽고 나서 수많은 대학생들을 만났다. 정병호를 중심으로 대학생 20여 명은 전태일처럼 어린이를 걱정하는 '어린이 걱정 모임'을 만들었고, 1978년 서울 달동네였던 난곡동에 '해송어린이집'을 열었다. 이 정신은 해송아기둥지, 해송지역아동센터, 공동육아와 공동체교육, 어린이어깨동무에서 이어 오고 있다.

어린 노동자들을 살리려고 자기를 불태웠던 전태일 열사가 지닌 동심은 이렇게 사회 곳곳으로 퍼져 수없이 많은 불꽃으로 되살아났다.

어둠을 뚫고 시작한 어린이 운동

1970년대 상황

    1970년대는 어린이 문화사에서 볼 때 '죽음의 문화'였다. 어린이들이 학교 밖에서 즐기며 놀 만한 시설은커녕 산업 역군이라는 허울 아래 끝없는 노동의 착취 대상이었다. 열대여섯 살밖에 안 된 아이들이 평화시장, 구로공단에서 라면으로 끼니를 때웠다. 학교에서는 한 교실에 팔구십 명이나 되는 아이들이 들어차 온갖 껍데기 교육에 시달렸다. 학생들한테 주입시키는 반공의식 교육으로 북녘 사람은 빨간 괴물이라는 공포심을 느끼게 했고, 남녘은 무조건 옳다는 편협한 독선에 빠지게 했다.

    무엇보다 가장 가슴 아픈 현상은 농촌공동체가 해체된 것이다. 6·25전쟁으로 지주나 양반이 이끌던 지역사회 문화가 평등한 지역공동체로 바뀌는 계기가 되기는 했다. 하지만 낮은 품삯을 주고 도시 노동자를 끌어모으려는 정부 시책으로 농어촌 경제가 무너졌다. 이런 현상 때문에 농어민들이 땅과 집을 헐값에

넘기고 도시 빈민가로 모여들었다. '울진 삼척 공비 사건'으로 산촌 주민들은 강제로 쫓겨났다. 농촌, 산촌, 어촌 마을은 이렇게 해체되었고, 지역공동체는 뿌리부터 흔들렸다. 어린이 삶에 중요한 마을 공동체 문화가 무너져 버린 것이다. 이런 상황에서 어린이 문화라는 이름조차 살아남을 수가 없었다.

어린이 정서와 감성을 풍부하게 할 수 있는 예체능 교육이나 문화 예술 활동은 학교 안팎에서 사라지거나 상업화되었다. 어린이 문화에서 가장 기본이 되는 어린이 문학마저 타락하였고, 창작물 출판마저도 자비 출판으로 겨우 이어 나갈 뿐이었다. 어린이 연극은 주평이 미국으로 떠난 뒤 공연 자체를 찾아보기 어렵게 되었다. 어린이 노래는 대중가요에 자리를 내주었다. 어린이 삶을 표현해야 하는 말하기는 웅변대회가 되었고, 글쓰기는 글짓기 대회가 되었다. 미술이나 음악도 대회에 나가 상 타기에 필요한 재주를 익히는 교육으로 바뀌고 말았다.

이런 어둠을 뚫고 새싹들이 돋아났다. 노동 현장에서는 전태일 열사를 뒤잇는 청년 노동자들이 나타나 어린 노동자들과 함께했다. 청년 노동자들은 대학생들과 손을 잡고 노동 야학을 열었다. 어린 노동자들은 노동 야학으로 배울 수 있는 길이 열렸고, 노동자가 어떻게 살아야 하는지 의식을 깨우쳤다. 벌거벗은 몸으로 똥물을 뒤집어쓰면서도 사람다운 삶을 외쳤던 동일방직 소녀들, 목숨으로 시대를 깬 와이에이치(YH) 젊은 여성 노동자들, 전태일 열사 뜻을 꾸준히 일궈 낸 전태일 어머니 이소선

여사는 어린 평화시장 노동자들이 살아갈 수 있는 틈을 넓혀 주었다.

학교 현장에서는 《이 아이들을 어찌할 것인가》를 출간한 이오덕이 그 불씨를 당겼다. 그가 가르쳤던 아이들이 쓴 글을 모아 펴낸 《일하는 아이들》은 어린이 교육, 어린이 문학, 어린이 문화를 보는 눈을 깨쳐 주었다. 이오덕 생각에 공감하는 사람들이 늘어나면서 좋은 어린이책을 가려 내려는 '어린이도서연구회', 올바른 글쓰기를 위한 '한국글쓰기교육연구회', 좋은 어린이 문학을 창작하자는 '한국어린이문학협의회', 우리 말과 글을 지키고 살리자는 '우리 말을 살리는 겨레 모임', 아이들 말을 들어 주고, 또 들어 주는 '마주이야기 연구소', 나아가 '어린이문화연대' 같은 모임들이 태어난다.

세계 어린이 운동사나 우리 나라 어린이 운동사에서 1979년은 특별한 의미가 있는 해다. 유엔이 정한 '세계 아동의 해'였기 때문이다. 유엔이 1979년을 세계 아동의 해로 정한 까닭은 야누스 코르착이 태어난 지 100주년이 되는 해여서였다. 야누스 코르착은 1879년에 폴란드에서 태어나 200명 남짓한 아이들과 함께 1942년 8월 5일에 가스실에서 학살당했다. 그는 어린이 교육과 인권 운동에 크게 기여한 인물이다.

서울양서협동조합 근대사 소모임에서는 '세계 아동의 해'라고 하는데 우리도 어린이들을 위해 뭐라도 해야 하지 않겠냐는 말이 오고 갔다. 서울양서협동조합은 '양서는 양심을 낳고, 양심은 정의로운 사회를 낳는다'는 구호를 내걸고 저자, 독자, 출판사 사람들이 중심이 되어 조합 형태로 만든 시민 독서 운동 단체였다. 따라서 '세계 아동의 해'를 맞아 어린이에게 좋은 책을 알리고, 좋은 책을 보급하고, 어린이 독서 문화 운동을 하자는 말이 나온 것은 자연스러운 일이었다. 그렇게 어린이 독서 모임을 만들었고, 1년 뒤 어린이 독서 운동은 서울양서협동조합 주요 사업이 되었다.

서울 시청 전철역에서 어린이책 전시회를 열었고, 이오덕을 강사로 초빙해 명동 유네스코 강당에서 어린이책과 독서 교육에 대한 강연회를 열었다. 어린이도서연구회를 만들었고, 봉원동 사무실에 '어린이마을 도서관'을 열었다. 이 도서관은 지금도 퍼져 나가고 있는 마을 어린이 도서관 새싹이라고 볼 수 있다. 초등학교 교사 노미화는 부천 고강동 은행 단지 마을 회관에 도서실을 겸하는 '어린이 공부방'을 만들었다. 학교가 끝나고 갈곳 없는 어린이들을 위해 마련한 것이다. 어린이 공부방은 1980년대 도시 빈민 지역 어린이들을 위한 공간으로 빠르게 퍼졌다.

김민기, 김영동, 한돌, 백창우는 어린이 노래를 만들기 시작했다. 김석만, 송인현, 유홍영은 어린이 연극을 만들기 시작했으며, 김종만과 이상호는 어린이 놀이 문화에 앞장섰다. 이오덕은 어린이 문화를 담아내는 잡지를 꿈꾸면서 〈살아 있는 아동문학〉(인간사), 〈겨레와 어린이〉(풀빛), 〈어린이, 우리의 희망〉(물레) 같은 부정기 간행물을 꾸준히 펴냈다. 학교 안에서는 젊은 교사들 사이에 어린이를 살리는 참교육 열풍이 퍼져 나갔다.

1980년대는 1970년대 어둠을 뚫고 어린이를 지켜 내기 위한 여러 활동을 시작한 시기였다. 지금 돌아보면 그 새싹들이 1990년대와 2000년대를 지나 지금까지 덩굴식물처럼 퍼져 나가고 있는 것이다. 따라서 2010년대 어린이 운동이 해야 할 일을 살펴보려면 1920년대와 1980년대 어린이 운동 정신을 되짚어 보아야 한다.

1980년대 초등 교사 운동

초등 교사 모임의 어머니, 서울YMCA 초등교육자회

초등학교 교사 초임 시절인 1977년에 《이 아이들을 어찌할 것인가》를 읽고 글쓴이 이오덕에게 편지를 썼는데, 답장을 주셨다. 그 뒤 방학 때 선생님을 만나러 대구에 갔다가 선생님 댁에서 잤다. 그때 선생님이 밤늦게까지 편지에 답장 쓰시는 걸 옆에서 지켜봤는데, 책상에 쌓아 놓은 편지 봉투를 보니 전국에서 교사들이 보내온 편지들이었다.

"선생님, 선생님 책을 읽고 편지를 보내온 교사들이라면 월급쟁이만은 아닐 겁니다. 그래도 어린이와 교육에 대해 생각하고 걱정하는 교사들이겠지요. 이렇게 같은 생각을 가진 교사들 모임을 만들고 싶습니다. 그러니 편지 보낸 교사들 연락처를 주시면 연락해서 교사 모임을 만들어 보고 싶습니다."

이렇게 말씀드렸더니 좋다고 하시면서 주소를 주셨다. 서울에 돌아와서 그 교사들한테 이오덕에게 소개를 받았다고 연락하고, 달마다 〈교사 소식〉이라는 문건을 만들어서 보냈다. 〈교사 소식〉은 그 달에 일어났던 교육 문제와 그에 대한 생각을 모아서 4쪽에서 8쪽 정도로 만든 통신문이다.

처음에는 30부 남짓 됐는데, 나중에는 500부까지 만들었다. 〈교사 소식〉을 보내면서 작은 공부 모임을 만들자고 제안했다. 그때 만들어진 모임이 '청년교사모임 한빛', '살으라릿다', '스승상정립회', '여교사독서회' 같은 작은 모임들이다. 수도권 지역 교사들은 거의 어린이도서연구회에 동참했다. 작은 공부 모임들은 1980년과 1981년 겨울방학 때 합동 연수를 했다. 1982년 1월에는 2박 3일 동안 강원도 철원군 근남초등학교에서 '제1회 교사수양회'라는 이름으로 합동 연수를 했다. 30여 명 교사가 어린이를 위해 어떻게 살아야 할지 토론하였고, 마음을 모았다. 1983년에는 과천 영보수녀원에서 '제2회 교사수양회'를 열었다. 그 자리에서 이오덕이 해 온 글쓰기 교육을 함께 공부하자는 뜻을 모아 8월에는 한국글쓰기교육연구회를 만들었다.

한국글쓰기교육연구회를 만들면서 초등 교사 모임이 필요하다는 의견이 많이 나왔다. 초등 교사 모임을 할 수 있는 사회단체를 찾던 가운데 마침 와이엠시에이(YMCA) 이창식 간사를 만나 준비하게 되었다. 그렇게 '서울YMCA초등교육자회'가 태어났다. 1983년 12월 15일, 서울기독교청년회 총회에서 인준을 받았다. 창립 회원은 32명이었는데, 이틀 뒤 있었던 창립 기념 모임에는 100여 명이 참석했다. 이듬해부터 부산, 인천, 광주,

성남, 춘천, 대구에서 YMCA초등교육자회가 생겼다.

1985년에는 흥사단에서는 초등교사를 중심으로 '흥사단 어린이교육문화연구회(회장 김병일)'를 만들었다. 교육대학교에서는 학생들이 '어린이교육문화연구회' 동아리를 만들어 활동했다. 1987년 8월 22일에는 교사 모임들이 모여 '전국초등민주교육협의회(전초협)'를 탄생시켰다. 서울YMCA초등교육자회에서 시작한 작은 초등 교사 모임들이 전국 단체로 자리 잡게 되었다. 곧 서울YMCA초등교육자회는 초등 교사 모임의 어머니라고 할 수 있다.

서울YMCA초등교육자회(회장 이주영)는 달마다 첫째, 셋째 주 수요일 오후 6시에 정기 집회를 열고 둘째, 넷째 주 수요일 오후 6시에는 연구 모임을 했다. 달마다 회보를 펴냈고, 부천 고강동에 마을 어린이 회관을 만들어 운영하였다. 1984년 2학기에는 홍보지 수천 장을 만들어 서울과 경기 지역 초등 교사들에게 배포했는데, 모임 주제를 보면 아래와 같다.

■ 정기 집회

큰 주제 : 교사, 우리 모이자

작은 주제 : 음악 감상과 그 지도(9.5), 한가위 민속놀이 지도(9.19), 와이엠시에이(YMCA) 운동과 초등교육자회(10.4), 영화 감상(10.17), 교대생과의 대화(11.7), 문집 그리고 글쓰기 지도(11.21)

■ 연구 모임

큰 주제 : 현대 사회에서 교육과 교사

작은 주제 : 한일 관계의 실상과 허상(9.12), 전통문화와 교
육(9.26), 종교와 교육(10.10), 문학의 이해(10.24), 교사의
권리(11.14), 여성 해방과 교육(11.28)

정기 집회와 연구 모임 주제에서 볼 수 있듯이 어린이 교육과
문화, 어린이를 둘러싼 사회와 역사에 대해 폭넓게 짚어 나갔
다. 또 특별 행사로 '어린이, 학부모, 교사 창작 동요 부르기'를
꾸준히 열었다.

1985년에는 큰 주제를 '어린이 문화와 교육'으로 정해서 연
구와 실천 활동을 했다. 달마다 작은 주제로 '어린이와 교사 관
계(3월), 어린이와 체벌(4월), 어린이와 매스컴(5월), 어린이와
놀이(6월), 어린이와 평가 제도(7월), 사회 계층과 어린이(9월),
어린이와 독서(10월)' 같은 걸 정해서 활동했다. 11월 2일에는
이러한 주제에 맞는 활동 성과와 앞으로 나아가야 할 방향을 발
표했다.

어린이와 교사 관계를 바로잡으려면 관행처럼 굳어진 촌지
문화를 몰아내야 한다, 어린이 체벌을 금지해야 하며, 어린이
놀이를 활성화해야 한다, 무조건 '수 우 미 양 가'로 나누는 5단
계 상대 평가 제도를 어린이 개별 발달 수준을 평가하는 서술형
절대 평가로 바꿔야 한다, 우리 역사와 문화를 바탕으로 한 창

작 동화를 중시하는 독서 문화를 만들어야 한다는 주장에 많은 교사와 학부모들이 호응하였다.

서울YMCA초등교육자회는 1987년 전초협을 만들면서 해산했다. 하지만 그 어린이 교육 문화 운동 정신은 전초협과 전교조로 이어졌다.

타락하는 어린이 문학

6·25전쟁 뒤 어린이 문학의 흐름

우리 겨레 어린이 운동 역사에서 어린이 문학이 차지하는 몫은 꽤 크다. 한 사회에서 문화를 일궈 나가는 데 문학이 차지하는 몫이 크기 때문이다. 또 무엇보다 우리 사회는 방정환이 어린이 운동을 시작할 때부터 어린이 잡지와 어린이 문학을 중심 매개체로 삼았기 때문이다.

방정환은 외국 동화를 번안하고, 옛이야기를 모았다. 동요, 동화, 탐정소설, 극본, 수필, 사진 이야기를 직접 쓰며 어린이 문학을 창작했다. 그리고 잡지 〈어린이〉로 동요나 동화 작가를 찾아내고 키워 냈다. 이렇게 꾸린 어린이 문학을 많은 어린이들이 널리 읽을 수 있도록 온 힘을 기울였다.

6·25전쟁을 겪으면서 수많은 어린이 운동가들이 학살당하고, 어린이 문학은 남녘이나 북녘 정치권력에 붙어 나팔수가 되었다. 남녘에서는 여기에 더해 상업주의에 물들기까지 했다. 어

린이 삶을 가꿔야 할 문화 매체가 오직 돈벌이 대상이 된 것이다. 항일 투쟁기와 해방 건국기에 힘차게 자라나던 진정성을 담은 문학은 억압당하거나 외면당했다.

이런 현상은 남북 모두 마찬가지였다. 북녘에서 1950년대까지 동화시라는 빛나는 어린이 문학을 창조하던 백석도 1960년대 뒤로는 좋은 작품을 쓰지 못했다. 남녘에서는 증오심을 키우는 반공 문학, 입신출세와 자본주의 소비문화를 찬미하도록 부추기는 작품이 주를 이루었다. 무엇보다 우리 삶에서 소중한 터전인 농어촌을 업신여기고, 도시를 동경하게 만들었다. 가난하고 일하는 사람은 천하게, 돈 많고 남을 부려먹는 사람은 귀하게 여기는 작품이 넘쳤다.

전쟁이 끝난 뒤 어린이 문학가들은 1954년 한국아동문학회(회장 한정동)를 만들어 어려운 가운데서도 어린이와 어린이 문학을 되살리려고 애쓴다. 그러나 1961년 5·16군사정변이 일어난 뒤, 모든 사회단체를 다시 정비한다며 한국아동문학회를 한국문인협회 아동문학분과에 통합시켰다. 군사 정권에 반대하던 작가들은 설 땅을 잃어버렸다. 군사 정권에 찬성하는 작가들이 활개를 치면서 군사 정권 입맛에 맞고, 잘 팔리는 상품 만들기에만 힘썼다. 한국문인협회 임원에 당선되기 위해 자기 세력을 넓히려고만 하였다.

초·중·고등학생이 주체가 되어 일으킨 4·19혁명이라는 역사에 길이 남을 만한 일을 겪고도 그 일을 어린이 문학으로 담아

낸 작가는 이원수밖에 없었다. 어린이 문학가들이 민주주의 역사관이 얼마나 없었는지 알 수 있는 대목이다. 이런 흐름 때문에 1960년대 끝으로 가면서 어린이 운동과 어린이 문학은 빠르게 타락했다. 어른 문학에서 밀려난 작가들이 제 주머니 털어 책을 찍어 내고 자기들끼리 돌려 보는 것으로 만족하는 일이 늘어났다. 그러다 보니 표절이나 모작을 하면서도 그것이 죄인지도, 부끄러운지도 모르는 작가들이 수두룩했다.

색동회(대표 조재호)나 한국청소년지도자협회(회장 정홍교)처럼 항일 투쟁기부터 어린이 운동에 앞장섰던 단체들도 그 마음을 이어가지 못했다. 현실에서 고통받는 어린이들을 거들떠보지도 않았다. 1970년 11월 13일, 전태일이 '골방 같은 공장에서 죽어 가는 어린이들을 살려 달라. 최소한 국가에서 만든 근로기준법이라도 지켜 달라'며 몸을 불사를 때, 색동회는 무엇을 하였나? 그들은 정부 시책에 앞장서서 '무궁화 달기 운동'이나 재단법인 육영재단(설립자 육영수)을 세우는 일에 맞장구쳤다.

어린이헌장비와 방정환 동상 세우기 운동에 목소리를 높이고 있었다. 그 동상마저도 초등학교 어린이들의 코 묻은 돈을 모아서 세웠다. 그때 색동회 중앙위원이 조재호, 진장섭, 정인섭, 이헌구, 윤극영이었다. 방정환이 되살아났다면 어린이들 돈으로 자기 동상이나 세우라고 할까?

1930년대 사회주의 어린이 운동을 이끌었던 정홍교도 이러한 현실에 눈을 감았다. 그는 자유문학자협회 아동문학분과위원장을 맡았고, 1971년에는 대통령 포상을 받았다.

이러한 가운데 권력에 빌붙은 문단을 부끄럽게 여기는 움직임이 일어났다. 1971년 2월, 이원수를 중심으로 문인 몇몇이 한국문인협회 아동문학분과에서 '한국아동문학가협회(회장 이원수)'를 만들었다. 이원수는 어떻게 새로운 단체를 만들 용기를 냈을까? 이원수는 마음이 따스하고 겁이 많은 학 같은 사람이다. 그런 사람이 회갑을 넘긴 나이에 정부 시책에 맞서 새 단체를 만들고, '아동 문학인의 작가적 양심과 앞날을 내다보는 지성과 순수로 문학 창작에 진력해야 한다'면서 타락한 어린이 문학을 비판했다. 그 비판 대상에는 평소 자기와 가깝게 지내던 문인들도 있었다.

이원수가 용기를 낸 까닭에는 전태일이 있었다고 생각한다. 이원수는 전태일 이야기가 실린 조그만 신문 기사를 오려서 웃옷 주머니에 넣고 다녔다고 한다. 전태일 분신 사건을 다룬 〈불새의 춤〉은 그렇게 나왔다. 나는 전태일 사건을 이처럼 뚜렷하게 은유한 작품을 보지 못했다. 그는 군사 독재 정권을 드러내놓고 비판하는 동화 《잔디숲 속의 이쁜이》도 발표했다.

한국아동문학가협회가 출범하고 석 달 뒤인 1971년 5월에 '한국아동문학회(회장 김영일)'가 세워진다. 김영일은 일제시대 때 고등계 형사였다. 이오덕이 비판한 표절과 모작 작가들이 주로 이 단체 회원이었다. 이재철은 1978년에 한국아동문학가협회에서 갈라져 나와 '한국현대아동문학가협회'를 창립했다.

1981년 이원수가 세상을 떠난 뒤 한국아동문학회 쪽 작가들과 전두환 정권은 언론을 빌어 이오덕과 권정생을 사회주의 리얼리즘이라고 탄압했다. 이때 한국아동문학가협회 주요 회원들이 말없이 그 비난을 받아들이는 것처럼 보였다.

그래서 1989년에 이오덕 문학론을 지지하는 사람들이 모여 '한국어린이문학협의회(회장 이오덕)'를 만들었다. 그러자 1991년에는 한국아동문학가협회와 한국현대아동문학가협회가 통합해서 '한국아동문학인협회(회장 석용원)'를 만들었다.

이러한 어린이 문학 흐름을 돌아볼 때, 이 싸움은 아직도 이어지고 있다. 사실 지금 어린이 문학은 큰 어려움에 놓여 있다. 작가는 잘 팔리는 게 좋은 작품이라며 팔릴 글 쓰는 데만 신경 쓰고 있다. 출판사는 잘 팔리는 책을 쉽게 낼 궁리만 하고 있다. 진정한 작가도 드물고, 좋은 작품을 찾으려고 노력하는 출판사도 줄어들고 있다.

더 늦기 전에 타락하는 어린이 문학을 다잡아 세워야 할 때다.

어린이도서연구회

겨레의 희망, 어린이에게 좋은 책을

아이들을 살릴 수 있는 가장 효과 있는 방법, 가장 가능한 방법은 어린이 문학으로 하는 교육이라고 나는 믿고 있다. 우리 어린이 문학은 그 책임이 크고 그 할 일이 쌓여 있다. 그럼에도 많은 어린이 문학인들은 이 땅에 사는 아이들 운명에 아랑곳없이, 어린이 문학을 작가 자신의 위안물로 삼고 있다. 그런 개인의 오락 행위를 어린이 문학인이 갖출 자세인 것처럼 생각하고 있다. 그래서 아이들 세계를 지켜 주어야 할 문학이 도리어 아이들을 해치고 아이들에게 독소를 퍼뜨리는 노릇을 하기도 한다.

– 이오덕, 《삶을 가꾸는 어린이 문학》, 고인돌

어린이 문학에 대한 이러한 비판에 충격을 받아 만든 단체가 어린이도서연구회다. 어린이도서연구회는 1980년 5월, 서울양서협동조합 조합원 가운데 교사들이 중심이 되어 만들었다.

어린이도서연구회에서 처음 시작한 운동이 '어린이책을 전집으로 사지 말고 낱권으로 사기', '집에 앉아서 방문 판매로 사지 말고 부모와 아이들이 손을 잡고 서점에 가서 사기'였다. 전집 출판과 방문 판매가 어린이책 시장을 점령하던 때라 단행본 출판이 어려웠다.

단행본 출판이 살아나야 뜻있는 작은 출판사에서도 좋은 어린이책을 펴낼 수 있다. 단행본 출판이 늘어나면 뜻있는 어린이 문학 작가들이 먹고살 걱정 없이 좋은 작품을 쓰기 위해 노력할 수 있다. 그러면 어린이들은 좋은 어린이 문학 작품을 만날 수 있는 기회가 많아진다. 단행본 출판이 활기를 띠어야 우리 아이들이 좋은 책을 만나는 독서 문화를 만들 수 있다고 보았다. 그래서 주마다 어린이책을 읽고, 좋은 단행본을 골라 목록을 만들어 학교와 학부모들에게 나누어 주었다. 이런 활동으로 1980년대에 어린이책을 단행본으로 출판하는 뜻있는 출판사들이 늘어났고, 서점에서도 어린이책을 파는 공간이 늘어났다.

그런데 1990년대를 앞뒤로 다른 문제가 나타났다. 삼류 코미디처럼 아이들 말초 신경을 자극하는 책이나, 도저히 문학으로 보기 어려운 쓰레기 같은 어린이책들이 판을 치기 시작한 것이다. 단행본을 내는 출판사들이 짧은 시간에 책을 많이 만들어 쉽게 수익을 올리려고 했기 때문이다. 출판사와 작가들의 얄팍한 상업 술책으로 단행본 시장은 커졌지만 아이들이 좋은 어린이 문학과 어린이책을 만나기는 쉽지 않았다.

어린이도서연구회는 1992년부터 좀 더 많은 교사와 학부모들에게, 겨레의 희망 어린이에게 좋은 책을 줄 수 있는, 독서 환경을 만들자는 운동을 펼쳤다. 달마다 회보 〈동화읽는어른〉을 만들었다. 학부모 독서 교육을 주제로 전국을 돌며 강연을 하면서 지역 동화읽는어른모임도 꾸렸다. 전교조 초등 지회, 여성민우회, 와이엠시에이(YMCA), 와이더블유시에이(YWCA), 성당, 민중교회, 참교육학부모회를 비롯한 지역 기관이나 단체에 강의 주제와 강사 명단을 보내서 강연회를 열었다. 강의를 하면서 학부모에게 어린이 삶을 가꾸는 어린이 문학이 무엇인지, 어린이책을 어떻게 봐야 하는지 알렸다. 그리고 학부모가 어린이책을 읽고 판단하도록 했다.

이 운동은 크게 성공했다. 첫째, 어린이책은 아이들만 읽는 거라고 생각했던 잘못된 상식을 깨고 어른부터 어린이책을 읽어야 한다는 문화로 바꿨다. 둘째, 우리 창작 동화 가운데서도 좋은 작품이 많다는 인식이 널리 퍼졌다. 셋째, 어머니들을 어린이 독서 문화를 바꾸는 운동 주체로 일으켜 세웠다.

이러한 활동으로 교사 중심이었던 어린이 독서 문화 운동은 1990년대부터 어머니 중심으로 바뀌었다. 어머니들이 나서서 좋은 어린이책 전시회와 독서 문화 행사를 기획하고 진행했다. 지금은 '빛그림자'로 자리 잡은 슬라이드 공연, 인형극, 그림자극, 노래, 그림책 만들기, 독서 여행, 음식 만들기, 전통 놀이가 전국에서 펼쳐졌다. 이런 활동은 어린이책을 바탕으로 여러 문화 행사와 체험 활동을 만들어 낸 것이다. 나아가 학교 도서관 살리기, 촌지 대신에 학급문고에 좋은 책 보내기, 도서 벽지나 공부방을 비롯해 소외된 아이들한테 좋은 책 보내기 운동을 펼쳤다.

어린이도서연구회는 '우리 아이들에게 우리 책을'이라는 표어를 내세우면서 좋은 창작 동화를 적극 소개했다. 권장도서목록을 몇 만 부씩 만들어 널리 나누어 주었다. 이 목록은 전교조 선생님들과 지역 동화읽는어른모임 회원들 손을 거쳐 여러 고장으로 퍼져 나갔다. 출판사와 작가에 영향을 받지 않고 오직 어린이만을 위해 고른 책들이어서 가장 신뢰를 받아 파급 효과가 더 컸다. 1990년대 후반에는 어린이도서연구회에서 권장하는 책이 없는 학교 도서관이나 공공 도서관은 정보가 어둡고 발전이 없는 도서관으로 여겨졌을 정도였다. 어린이책 단행본 시장은 세계에서 유례를 찾기 힘들 만큼 활기를 띠었다.

어린이도서연구회는 2000년대를 넘어서면서 독서 교육 활동을 강화했다. 좋은 책을 골라 아이들에게 읽어 주는 운동을 시작한 것이다. 회원들은 지금도 학교 교실, 공부방, 고아원, 장애인 시설, 병원, 양로원에 찾아다니며 책을 읽어 주고 있다.

또 교육부나 교육청에서 독서 교육 정책을 내놓으면 먼저 점검하고 비판하면서 학교 현장에서 올바른 독서 교육이 이뤄질 수 있도록 애쓰고 있다. 학교 도서관 운영에 참여하기도 하고, 광주 '책마을 도서관'처럼 지역 도서관을 만들어서 운영하기도 하고, '마포 서강 도서관'처럼 공공 도서관을 위탁받아서 공공 도서관 운영 모범 사례를 만들어 나간다.

어린이도서연구회는 30년 동안 꾸준히 활동한 덕분에, 어린이책 출판문화와 어린이 독서 교육을 발전시키는 데 큰 몫을 했다. 2010년 창립 30주년을 맞이하는 기념 세미나 주제는 '아동 전집 출판 현황과 쟁점'이었다. 이 문제는 30년 전 창립 때 제기했던 문제의식이다. 지금 어린이책 단행본 출판 시장은 다시 전집 출판 시장에 위협을 받고 있다. 상업주의에 빠져들고 있다는 이야기다.

어린이책 출판 시장에서 자본주의와 상업주의가 한통속이 되어 어린이 문학을 빠르게 퇴락시켰던 50년 전 역사를 돌이켜 볼 때 이러한 현상은 소홀히 보아 넘길 일이 아니다.

머리가 하늘까지 닿겠네

어린이날 놀이마당

새 신을 신고 뛰어 보자 팔짝

머리가 하늘까지 닿겠네

위 노래는 윤석중이 쓴 시에 손대업이 곡을 붙인 '새 신'이다. 짧은 노랫말이지만 이 노래만큼 즐겁고 신나는 아이들 마음을 그려 낸 노래가 또 있을까. 이 동요에서 따와 '머리가 하늘까지 닿겠네'라고 이름을 붙인 '제1회 어린이날 놀이마당'이 1991년 5월 5일, 한양대학교에서 열렸다. 전교조 초등위원회에서 주최하고 한양대학교 총학생회와 여러 어린이 교육 문화 관련 단체들이 공동으로 주관한 어린이날 잔치였다. 그날 공동 주관으로 참여한 단체는 놀이연구회 놂, 참교육학부모회, 어린이도서연구회, 한국글쓰기교육연구회, 한국어린이문학협의회로 기억한다.

한양대학교 대운동장에서는 놀이마당이 펼쳐졌다. 놀이마당에는 어린이와 어른들이 자유롭게 돌아다니면서 함께 뛰어놀 수 있도록 수십 가지 놀이 종류를 빙 둘러서 만들어 놓았다. 사방치기, 비석치기, 줄다리기, 개뼉다귀, 땅콩놀이, 통일놀이, 신발 멀리차기 놀이처럼 전통 놀이나 새로 만든 놀이를 아기자기하게 펼쳐 놓았다.

한 놀이마당에서 다 놀고 나면 표를 주었다. 표 열두 장 모으면 꽃수레를 탈 수 있었다. 꽃수레는 손수레에다 색종이로 만든 종이꽃을 붙여서 꾸몄는데, 한양대학교 남학생들이나 아버지들이 끌어서 운동장을 한 바퀴 돌아 주는 거였다. 생각보다 아이들이 가장 좋아하는 놀이였다.

학생회관에서도 참여 단체 회원들이 준비한 여러 행사들이 열렸다. 그때 숙명여고 미술 교사로 있던 류재수가 구해 온 중국 애니메이션을 보여 주는 애니메이션 방, 창작 동화를 전시하고 책을 읽어 주는 동화 방, 자기가 하고 싶은 말을 마음껏 주장하는 말하기 방 들이 있었다. 그러나 아이들은 거의 대운동장 놀이마당에서 신나게 노느라 학생회관에 마련한 방은 한산하였다. 대운동장 둘레에 있는 나무와 나무 사이에 줄을 매고 아이들이 갖고 온 그림을 죽 걸어 주는 그림잔치 마당과 노래잔치 마당도 했다.

어린이날 놀이마당은 아이들이 머리가 하늘까지 닿도록 그냥 하루 종일 신나게 뛰어노는 잔치인데도 정부는 행정력을 동원해서 막았다. 교육부와 교육청에서 행사에 참여하지 말라는 공문을 학교마다 내려보냈고, 참여하면 징계하겠다고 협박하였다. 그날 아침 일찍부터 전경들이 한양대 전철역과 큰길에 쭉 서서 공포 분위기를 만들었다. 장학사와 서울시와 경기도 지역 초등학교 교장, 교감, 부장 교사들이 나와서 한양대 정문과 후문에 쭉 늘어섰다. 자기 학교 교사나 학생들이 들어가면 막으라는 지시를 받았던 것이다.

그 모습을 본 나는 화가 나서 눈이 뒤집힐 것 같았다. 한양대 정문 오르막길 가운데 서서 어린이날 잔치를 탄압하는 정권이 세상에 어디 있냐고 고래고래 소리치면서 규탄하는 연설을 했다. 나중에 그날 한양대 정문에서 나를 본 교장, 교감 가운데 몇몇은 내가 눈에 시뻘겋게 핏발을 세우고 소리치던 모습이 무섭기도 했지만 한편 자기들이 무척 부끄러웠다고 말하기도 했다.

행사에 참여한 교사와 학생이 3,000여 명인데, 정부가 행사를 막으라고 강제로 내보낸 전경이나 교육 관료가 7,000여 명이나 되었다. 그러나 그들도 적극 나서서 막지는 못하고 자기 학교 교사들을 봐도 못 본 척하는 경우가 많았다. 누가 봐도 너무 어처구니없는 일이었기 때문이다. 물론 자기 학교 교사나 어린이를 붙잡고 실랑이를 하거나 이름을 적어 가는 교장, 교감도 있었다.

1992년 제2회 '머리가 하늘까지 닿겠네'도 전교조 초등위원회와 한양대학교 총학생회가 주관하고 여러 단체가 참여했는데, 대운동장을 빌리지 못해서 소운동장에서 했다. 교육청과 경찰 기관에서 사전 작업을 해서 한양대학교가 시설 사용을 제한했기 때문이다. 참여 인원도 1회 때보다 줄었다. 전교조 지부가 자기 지역에서 따로 어린이날 놀이마당을 열어서 한양대학교에는 서울 지역만 참여했기 때문이다.

2회 행사에 참여한 서울교육대학교 학생회에서 3회 때는 자기들이 주관하겠다고 나섰다. 어린이날 잔치니까 교육대학교에서 하는 게 마땅한 일 아니냐고 했다. 그래서 모두 좋다고 했다. 사전 준비도 일찍 시작해서 참여 단체를 더욱 넓혔고, 참여 단체들도 놀이마당을 한두 가지 더 마련했다. 그러니 아이들이 참여할 수 있는 마당도 늘었다. 놀이마당 마지막에는 참여한 사람이 모두 어우러질 수 있도록 풍물과 대동놀이도 준비했다.

그런데 서울교육대학교에서 행사를 허가하지 않았다. 학생회가 여러 차례 당위성을 말하면서 요구했지만 절대 허가할 수 없다고 하면서 행사 당일에 교문을 닫겠다고 했다. 참여 단체들은 의논에 의논을 거듭했다. 학교에서 교문을 닫아걸면 학생들이 돌쩌귀를 번쩍 들어 빼서 열겠다고 했다. 나는 당시 엠비시(MBC) 기동취재반이었던 최문순 기자한테 연락했다. 서로 충돌하면 불상사가 날 텐데 언론이 와 있으면 경찰이나 학교 당국이 폭력을 쓰기 어려울 테고, 그래도 폭력을 쓰면 큰 뉴스거리가 될 테니까 와서 찍으라고 했다. 그날 보호와 취재 차원에서 엠비시(MBC) 기동취재반과 동아일보, 중앙일보 기자들이 왔다. 지금 생각해도 참 고마운 일이다.

　서울교육대학교는 정말 교문을 닫아걸었고, 교대 학생 수십 명이 돌쩌귀를 들어서 교문을 열었다. 경찰과 학교 직원들은 처음에는 몸싸움을 조금 했지만 카메라로 찍고 있으니까 물러서고 말았다. 제3회 '머리가 하늘까지 닿겠네'는 대성공이었다. 우리를 감시하던 대학교수나 직원들 가운데서도 점심시간에 집에 가서 아이들을 데리고 와 참여하기도 했다.

　'머리가 하늘까지 닿겠네'는 1990년대 이후 어린이 놀이 문화와 어린이 운동에 큰 영향을 주었다. 서울YMCA초등교육자회 문화분과에 있던 이상호는 1987년 '놀이연구회 놂'을 만들어서 활동하다가, 1991년 전교조 초등위원회 회지 〈우리 아이들〉 편집을 담당하면서 이 행사를 기획하고 진행했다. 해마다 전교조 각 지부 지회에서 관련 단체들과 함께 주최했고, 전국에 있는 교육대학교에서 장을 마련했다.

　1회나 2회 때는 교사가 어린이날에도 부모들이 일을 나가서 혼자 집에 있어야 하는 자기 반 아이들을 데리고 오는 경우가 많았다. 하지만 3회 때부터는 학부모들이 아이들을 데리고 오는 수가 더 많았다. 전교조 초등위원회에서는 학교 운동회도 일제 때부터 해 온 집단체조나 단체경기보다 놀이마당 중심으로 바꾸도록 했다. '머리가 하늘까지 닿겠네'가 학교 운동회까지 바꾼 것이다.

　1994년부터는 각 교육청이나 시청, 구청에서 저소득층이나 장애 어린이들을 대상으로 어린이날에 비슷한 놀이마당을 기획하고 교사가 인솔해서 참가하도록 했다. 전교조 행사를 무력화시키려는 의도였다.

2000년대에는 지방자치단체나 지역단체가 어린이날 잔치를 주관하기 시작했다. 그러나 이때부터 어린이들이 몸을 움직여 뛰어노는, 참여와 창조형 놀이 문화가 빠지게 되었다. 그러면서 어린이날을 맞아 대충 때우는 놀이마당으로 퇴락하고 먹을거리나 상품을 팔려는 소비성 행사로까지 변질되고 있다.

이제부터라도 어린이들이 정말로 머리가 하늘까지 닿도록 즐겁고 신나게 뛰어놀 수 있는 놀이 문화를 다시 살려서 지키고 가꾸면 좋겠다.

공동육아와 공동체 교육

함께하는 교육, 함께 크는 아이

1990년대는 학교 안팎에서 교육을 개혁하고, 어린이들 삶의 질을 높여야 한다는 주장이 솟구치면서 많은 변화가 일어난 때다. 학교 안에서는 전교조가 교사와 학부모에게 지지를 받았다. 학교 밖에서는 국가와 정부가 독점하고 있는 교육과는 다른 새로운 시도를 했다. 대안교육, 대안학교라고 일컫는 비제도권 교육이 그것인데, 학교에 꼭 가야 하고, 학교 졸업장을 꼭 받아야 한다는 생각을 깨뜨렸다.

제도 교육 안에서 활동하는 전교조나 제도 교육 밖에서 활동하던 대안학교나 지향점은 같다. 교육은 학생, 학부모, 교사가 참여해서 함께 협의해야 한다는 것이다. 또 경쟁에서 벗어나 동무와 함께 커야 한다는 생각도 널리 퍼졌다.

학교 밖에서 새로운 교육과 생활 방식을 만들어 낸 단체는 무엇보다 '공동육아와 공동체교육(공동육아)'을 꼽을 수 있다. '함께하는 교육, 함께 크는 아이'를 지향하는 단체로서 '공동육아 협동조합 어린이집'으로 더 많이 알려진 곳이다. 지금은 어린이집이 60곳, 직장 공동육아어린이집, 국공립 공동육아어린이집, 민간 공동육아어린이집, 공동육아 방과후 교실, 지역아동센터, 대안 초등학교를 설립해서 운영하고 있다. 함께하는 교육을 여러 곳에서, 여러 방법으로 시도하면서 바람직한 모범을 만들어 내려고 노력하고 있다.

참교육학부모회는 학부모가 제도권 교육 정책이나 학교 운영에 주체로 참여하고자 한다면, 공동육아는 학부모가 스스로 교육 주체가 돼서 교육 공간을 만드는 일을 한다. 두 단체 모두 아주 앞선 생각을 했다. 그 뜻을 실천한 많은 학부모들 덕분에 제도 교육과 다른 교육을 펼칠 수 있다는 생각이 널리 퍼졌다. 이때부터 대안학교들이 여러 곳에서 생겨나기 시작했다.

공동육아에서 지향하는 공동체 교육 운동은 1978년에 생긴 '어린이 걱정 모임'에서 시작된 것이다. 도시 빈민 지역에 사는 저소득층 어린이들 삶을 걱정하는 대학생들이 만든 모임이었다. 1970년대 하반기는 사회 변혁을 추구하는 민주화 운동에 커다란 변화가 일어나던 때였다. 노동자와 학생 연대가 강화되기 시작했고, 노동자, 농민과 전문직을 비롯한 사회 모든 계층으로 사회 변혁 운동이 퍼져 나갔다. 학생 운동을 하던 대학생들이 공장이나 탄광에 취직하거나 농민 운동, 환경 운동에도 참여하기 시작했다.

어린이 걱정 모임은 별 관심을 받지 못했던 어린이, 그 가운데서 가난한 집 아이들 삶에 관심을 갖는 모임이라는 것에 큰 의미가 있다. 이 모임은 1978년에 서울 난곡동에 '해송유아원'을 세웠다. 난곡동은 서울에서도 손꼽을 만한 빈민 지역이었다. 유아원 이름을 '해송'이라고 붙인 까닭은 1920년대에 방정환과 함께 어린이 운동에 앞장섰던 마해송의 뜻을 기리기 위해서였다.

1984년에는 창신동으로 터를 옮겨 '해송아기둥지'라고 이름을 바꿔 달았다. 지금은 공동육아 부설 해송지역아동센터로 저소득층 자녀 방과후 교실 운영과 교육 모델을 만들어 널리 알리고 있다.

해송유아원이나 해송아기둥지는 1980년대 빈민 지역 탁아방 정책이나 공부방 운동에 영향을 주었다. '방과후 교실'이란 말도 1990년대 후반에 이 단체에서 처음 만들어 쓰면서 그 개념과 필요성이 널리 퍼졌다. 취지나 내용은 좀 다르지만 그 뒤에 제도 교육에서도 방과후 교실을 받아들였다.

어린이 걱정 모임은 여러 가지 방법으로 정책을 제안하고, 그 제안을 실천해서 모범 사례를 만들었다. 구성원들을 끊임없이 교육하고 활동가로 키워 냈다. 1990년에는 '탁아제도와 미래의 어린이 양육을 걱정하는 모임'으로 단체 이름을 바꿔 연구 성과를 정책 제안 형태로 발표했다. 그 발표 내용을 엮은 책이 《우리 아이들의 육아현실과 미래》이다. 또한 많은 학자들처럼 정책 제안을 하는 데서 그치지 않고 그 제안 내용을 실천했다.

공동육아와 공동체교육은 2년마다 전국에 있는 어린이집 조합원과 아이들, 선생님이 모두 어울리는 '공동육아 한마당'을 연다. 2012년에는 정부과천청사 운동장에서 열렸다.

1992년에는 '공동육아연구회'로 활동했고, 1995년에는 서울 연남동에 협동조합으로 처음 만든 '우리어린이집'이 문을 열었다. 나도 준비 모임부터 참여해 독일 슈타이너 학교 사례를 소개했다. 슈타이너 학교 초기처럼 학부모들이 교육 주체가 되는 교육 공간을 만드는 일을 함께할 사람을 공개 모집하자는 제안을 했다. 그래서 한겨레신문에 작은 생활 광고를 내기 시작했고, 나중에는 한겨레신문에서 기사로 다뤄 주었다.

이런 까닭으로 공동육아 어린이집을 만드는 데 참여한 학부모는 한겨레신문 독자나 어린이도서연구회 지역 모임 관련자들이 많았다. 광고나 기사를 보고 우리 손으로 아이들을 함께 키울 수 있다는 신선한 충격을 받은 젊은 부모들이 집을 줄이고 전셋값을 줄여 참여했다. 공동육아 협동조합 어린이집이 빠르게 늘어나면서 1996년에 사단법인이 되었고, 2002년에 '공동육아와 공동체교육'으로 이름을 바꿔 지금에 이르고 있다.

이명박 정부가 들어서면서 제도 교육은 아이들을 무한 경쟁으로 몰아가기 시작했다. 그런 모습을 보면 화가 나고 서글프기도 하다. 그래서 더 공동체 교육 운동을 하는 사람들이 밝은 희망으로 다가온다.

어른과 아이들이 함께 행복하게 살 수 있게 교육 공동체를 만들기 위해 애쓰는 모습이 더욱 빛난다. 더불어 그 열정과 사랑이 담긴 터전에서 함께 크는 우리 아이들도.

어린이어깨동무 이야기 1
한반도 어린이들이 어깨동무할 수 있도록

동무 동무 어깨동무
언제든지 같이 놀고

동무 동무 어깨동무
어디든지 같이 가고

동무 동무 어깨동무
천릿길도 멀지 않고

동무 동무 어깨동무
해도 달도 따라오고

어깨동무는 아이들이 서로 어깨를 걸치고 뛰어노는 것을 말

한다. 어깨동무 하면 아이들이 함께 신나게 뛰어노는 모습을 노래한 윤석중 동요 '어깨동무'가 떠오른다. 1990년대 공동육아 운동 과정에서 생긴 또 다른 단체가 '어린이어깨동무'다. 어린이어깨동무는 북녘 동포들이 굶어 죽어 간다는 소식이 들리던 1996년 무렵 북녘 어린이들을 돕겠다는 마음으로 시작했다. 처음에는 공동육아 모임에서 논의를 시작하다가 곧 그 범위가 넓어져서 '남북어린이어깨동무'라는 단체가 만들어졌다. 지금은 '남북'이라는 말을 떼고 어린이어깨동무라는 이름을 쓰고 있다.

어깨동무라는 말은 단체 이름에 넣은 까닭은 어깨동무를 하고 놀려면 서로 키가 얼추 맞아야 한다는 생각 때문이었다. 남녘 아이들은 성장 속도가 빠르지만, 북녘 아이들은 영양실조로 성장 속도가 떨어지고 있다. 그러니까 남북 어린이들이 몸과 마음의 키 높이를 맞추어야 한다는 뜻이 담겼다.

1990년대 후반에 미국은 북한에 금융과 무역 제재를 강화했고, 마침 북녘은 수년 동안 가뭄과 홍수 피해가 이어졌다. 이런저런 까닭으로 북녘은 심각한 식량난을 겪고 있었다. 식량난으로 가장 큰 피해를 입는 건 아이들이었다. 아이들이 영양실조로 제대로 자라지 못하는 모습을 담은 사진을 본 적이 있다. 태어난 곳이 다르다는 까닭으로 우리 겨레 아이가 먹을거리가 없어 고통 받는 모습을 그냥 보고만 있을 수 없었다.

옛날부터 우리는 먹을거리를 함부로 대하거나 버리면 벌을 받는다고 했다. 하물며 같은 땅에서 굶주리는 사람들한테 먹을

거리를 나눠 주지 않는다면 얼마나 큰 죄가 되겠는가? 남북 어린이들뿐만 아니라 온 세계의 남과 북 어린이들도 어깨동무하게 되기를 바라는 마음이 있다. 지구촌 전체로 보면 부자 나라는 북반구에, 가난한 나라는 남반구에 많다. 이러한 지구촌 빈부 격차 때문에 아이들이 겪어야 하는 아픔이 산처럼 쌓여 있고, 흘리는 눈물이 강을 이루는 게 우리 한반도와 지구촌 현실이다.

어린이어깨동무를 만들면서 가장 먼저 시작한 행사는 1996년에 어린이와 함께했던 '안녕? 친구야'다. 굶주리는 북녘 어린이들한테 식품과 의료품을 보내는 운동을 만들어 보자는 뜻이었다. 북녘 어린이들이 불쌍해서 동정하는 것이 아니다. 내 이웃으로 여기는 마음을 가져야 한다. 그래서 북녘 어린이들은 우리와 같은 말과 글을 쓰는 한겨레이고, 함께 미래를 열어 나가야 할 동무라는 마음을 가지도록 이끌었다.

'안녕? 친구야'는 한겨레신문, 한겨레신문 통일재단, 공동육아가 함께 참여했다. 행사 이름 그대로 남녘 어린이들이 북녘 어린이들한테 먼저 손을 내밀어 인사를 건네고 그 자리에서 처음 만난 어린이들끼리 함께 어울려 신나게 놀 수 있도록 행사를 꾸렸다. 여러 가지 신나는 놀이마당, 전시 마당, 체험 마당을 마련했다.

전시 마당에서는 북녘 어린이들이 겪고 있는 어려움이 담긴 글이나 사진을 보여 주었다. 체험 마당에서는 북녘에 보낼 영유아 이유식이나 옥수수 죽을 먹어 보게 했다. 북녘 어린이에게 보낼 자기 얼굴 그리기도 했다. 내가 제안해서 행사장 들어오는 길에 한반도 지도가 그려진 커다란 하얀 광목천을 펼쳐 놓고, 그 옆에 빨강색 파랑색 물감 통을 놓았다. 아이들은 신발과 양말을 벗고 맨발로 물감을 묻혀서 한반도 지도 위에 발자국을 찍었다.

크고 작은 아이들 발자국이 아름다운 꽃처럼 찍혀 있는 통일 한반도 지도를 보니 금방이라도 통일 열차 달리는 소리가 들릴 것만 같았다. 다음 행사 때부터는 북녘 어린이들이 그린 얼굴 그림을 받아 와서 함께 전시했는데 호응이 좋았다. 또 그림을 그리기 어려운 아이들은 손이나 발에 물감을 묻혀 찍은 다음에 자기 이름과 인사말을 써서 북녘으로 보내기도 했다.

이런 행사는 그동안 반공 교육, 통일 교육, 한반도 공동체 교육 따위로 이름만 바꿔서 남북 차이를 강조하고 미움과 혐오감을 심어 주던 방식에서 벗어난 것이었다. 이것이야말로 진정한 나눔과 평화로 이끄는 교육이다. '안녕? 친구야'는 안녕 친구야 함께 달리자, 사랑의 공차기 대회, 북녘 어린이에게 쌀을, 북녘 어린이 살리기 어깨동무 통일 대행진, 어린이 평화 캠프, 어린이 평화 여행, 어린이 평화 연극, 어린이 평화 미술 교실, 학교 교실로 찾아가는 어린이 평화 수업 같은 활동들을 꾸려 가는 바탕이 되었다. 이 활동들은 어린이 문화 운동 단체와 학교까지 퍼져 나갔다.

어린이어깨동무는 이런 활동을 하면서 모은 후원금으로 먹을거리와 구충제를 비롯한 의료품을 꾸준히 북녘 어린이들에게 보내 주었다. 2001년에는 평양에 콩우유 공장을 만들 수 있도록 시설과 재료를 후원했다. 콩우유를 꾸준히 먹은 아기들은 설사를 멈췄고, 영양 상태도 많이 좋아졌다. 2004년에는 원산에 콩우유 공장을 세웠고, 2007년에는 강남군 장교리에 콩우유 공장을 세울 수 있게 지원했다. 특히 2007년에는 준공식에 남녘 어린이 대표단 여섯 명이 방북하여 참석해 그 뜻이 더욱 컸다.

어린이어깨동무 이야기 2
남북 아이들이 손잡고 노래하며 춤추는 세상

저는 제4소학교를 갔던 것이 가장 기억에 남습니다. 학교로 가면서 북녘 친구들과 만나서 물어볼 말을 적으며 무척 떨렸습니다. 그곳에서 새로운, 아니 처음으로 산별이라는 북쪽 친구를 사귀었습니다. 그 친구들과 손을 잡고 동그랗게 모여 춤도 추었습니다. 그 친구와 저는 손을 꼭 잡고 사진도 찍었습니다. 그 친구가 제 이름을 기억하건 못하건 그냥 남쪽 친구가 생겼다고 기억해 주면 좋겠습니다. 지금 제가 그 친구의 수줍게 웃는 얼굴을 생생히 기억하는 것처럼 말입니다.

윗글은 꿈이 아니다. 실제로 있었던 일이다. 2004년에 '평양 어깨동무 어린이병원' 준공식에 참석했던, 어린이어깨동무 평화 지킴이 어린이 대표단 가운데 한 명이 돌아와서 쓴 글이다.

나는 지금도 이 글만 읽으면 눈물이 나려고 한다. 그 모습을 상상하는 것만으로도 기쁘고 즐겁다. 그런데 지금은 너무나 안타깝게도 까마득한 옛날 일, 또는 언제가 될지 모를 일처럼 느껴진다.

어린이어깨동무는 시민들을 대상으로 '한 사람이 벽돌 한 장 보태기 모금 사업'으로 모은 돈과 기업 후원금을 모아서 2004년 6월에 평양에 '평양 어깨동무 어린이병원'을 세웠다. 영양 공급이 충분히 되지 않은 아이들은 회충을 비롯한 기생충에 감염되기 쉽다. 기생충이 많으면 영양실조에 걸리고 자칫 생명이 위험해질 수 있는 병을 앓게 될 수도 있다. 그래서 어린이어깨동무는 2000년부터 북녘에 구충제를 보냈다.

1960년대에 초등학교를 다닌 나도 학교에서 나눠 준 회충약을 먹고 다음날 똥을 누었는데, 똥보다 회충이 더 많이 나왔던 기억이 있다. 회충 덩어리가 서로 뒤엉켜서 똥구멍을 빠져나올 때, 마지막 한 마리가 안 나와서 손가락으로 잡아서 뽑아낼 정도였다. 동생은 엄마가 집게로 잡아 빼 주었다. 그렇게 회충을 쏟아 낸 뒤 시원했던 느낌을 지금도 잊을 수 없다.

어린이어깨동무는 기업 후원을 받아서 2000년부터 2003년까지 북한 동포 모두가 먹을 수 있도록 해마다 구충제 1,000만 정을 보냈다. 2003년 뒤로는 의료 지원 사업을 어린이 병원 세우는 일에 집중하기 시작했다.

평양 어깨동무 어린이병원은 평양시 동대원구역 새살림동에 자리하고 있다. 병원과 콩우유 생산 공장 2개 동으로 되어 있으며 약 1,650평쯤 되는 3층짜리 건물이다. 남북 의료진과 영양 전문가들이 여러 차례 회의를 연 결과 북녘 어린이들은 설사와 호흡기 질환이 가장 문제가 되는 병이라고 진단했다. 그래서 어린이를 치료하는 병원을 지어서 북녘 어린이들이 잘 걸리는 설사증을 비롯한 영양 관련 질병 증상을 파악해 예방법과 치료법을 개발하는 일이 무척 급했다. 평양 어깨동무 어린이병원은 어린이어깨동무 회원들이 적극 참여하고, 기업 후원금과 서울대학교 어린이병원 신희영 박사를 비롯한 많은 의료진 도움으로 지을 수 있었다.

30병상 규모로 세워진 이 병원이 설사증과 영양 결핍 관련 병을 잘 치료한다는 입소문이 나자 시병원, 평의대 병원에서 환자를 부탁해 치료하기도 했다. 다른 병원에서 치료받던 환자들이 의료진 소견서를 받아 들고 이 병원까지 와서 치료를 받기도 했다. 2007년에는 갑작스럽게 늘어난 입원 환자들을 감당할 수가 없어서 20병상을 늘렸고, 3층 교육실 일부를 입원실로 바꿔서 더 많은 어린이들이 치료받을 수 있게 했다. 50병상을 갖춘 뒤에는 환자가 더 늘어서 한 달에 외래 환자만 천 명이 넘었다. 50병상 모두 어린이들이 입원하여 치료를 받은 것처럼 아주 활발하게 운영되었다.

북녘은 이전에는 소아 질환 관련 전문 병원이 아예 없었다. 하지만 평양 어깨동무 어린이병원을 계기로 설사와 영양 장애, 호흡기 질환만을 치료하는 전문 병원이 세워졌다. 또 병원 운영

어린이어깨동무가 소아종합병원으로 설립한 평양의학대학병원 어깨동무 소아병동에서 치료받은 뒤 밝아진 어린이들 모습.

결과를 남과 북 전문가들이 함께 살펴보면서 더 나은 치료와 예방 방법을 찾을 수 있었다. 이것은 대북 지원 사업이 투명하게 추진되고 있다는 것을 보여 주는 사례가 되었다.

어린이어깨동무는 해마다 두 차례 평양 어깨동무 어린이병원 운영 결과를 받고 있다. 이러한 임상 자료는 북녘 어린이들 영양 관련 질병을 치료하거나 연구하는 데 쓰였다. 이 자료를 바탕으로 대북 보건 의료 지원을 더 체계 있고 효율성 있게 추진할 수 있었다.

건축 과정부터 병원 운영 과정까지 남과 북이 공동으로 책임지는 선례를 만든 것이다. 병원을 지을 때 남녘이 지원하고, 북녘이 시공하는 방식으로 하지 않고 처음으로 남북 건설 기술자들이 함께 건설한 병원이었다. 병원 운영 방법도 남과 북 의료 진들이 함께 만들었다. 이 병원을 계기로 남북 어린이들이 분단된 뒤 처음으로 만날 수도 있었다. 병원 준공식에 어린이어깨동무 어린이 회원 11명이 평양을 방문하였던 것이다. 이 만남은 민간단체에서 처음으로 이끌어 낸 남북 어린이 교류였다.

어린이어깨동무는 남북 교류 협력 사업에 어린이를 주체로 세우고자 노력했다. 어른 눈이 아니라 어린이 눈으로 보기 위해 애썼다는 말이기도 하다. 남녘 사람들한테는 북녘에도 어린이들이 살고 있다는 사실을 깨닫게 해 주었다. 그 아이들도 남녘 아이들과 똑같이 소중한 생명이라는 것과 아이들은 태어난 나라나 지역과 관계없이 건강하게 자라나야 한다는 것을 아로새겨 주었다.

남북 어린이가 다시 손잡고 '둥글게 둥글게, 우리 모두 손을 잡고 춤을 춥시다' 노래를 부르며 춤출 수 있는 날이 오기를 바란다.

숨어서 만난 아이들

중국 땅에서 만난 북녘 아이들

남북문화통합교육원은 새터민 아이들 교육을 고민하고 실천하는 곳으로, '셋넷학교'와 '한누리학교'를 운영하기도 한다. 새터민 아이들이란 북녘 땅에서 온 아이들이다. 서울에서 평양까지 261킬로미터, 신의주까지 360킬로미터다. 자동차로 달리면 한나절이면 된다. 그런데 이 아이들은 한국에 오기 위해서 평균 7,000킬로미터를 돌아서 왔다. 중국으로 건너가 베트남으로, 미얀마로, 타이로, 캄보디아로, 몽골로 돌고 돌아서 온 아이들이다. 이런 아이들이 삼천여 명이나 된다.

2000년 1월 20일, 나는 고등학교 2학년이던 딸하고 중국 동북 3성 지역으로 갔다. 1990년대 말 북녘이 '고난의 행군'을 하던 시기, 많은 사람들이 두만강이나 압록강을 넘어 중국으로 갔다. 그 가운데는 아이들도 있었다. 처음에는 식구를 따라왔지만 아이들끼리 넘나들기도 했다. 그런 아이들은 꽃제비가 되어 떠돌이 생활을 하는 경우도 많았다. 미국 교포나 남녘 종교단체, 민간단체에서 지원해서 아이들만 숨겨 주는 안전가옥도 늘어나고 있었다.

중국으로 간 아이들은 어느 정도 굶주림을 벗어날 수 있었지만 교육을 받기는 어려웠다. 숨어 살아야 했기 때문이다. 안전가옥에 숨어 사는 아이들도 교육까지 받기는 어려웠다. 그런데 우리는 중국 땅에 탈북한 아이들이 많다는 이야기만 들었지 생활이나 교육 실태를 알기 어려웠다. 그래서 중국에 숨어 사는 탈북 어린이들 생활과 교육 실태를 조사하려고 간 것이다. 중국에 갈 때 딸을 데리고 간 건 아버지와 딸이 체험학습을 하러 온 여행객으로 보이기 위한 것도 있고, 숨어서 만나야 하는 탈북 아이들이 쉽게 마음을 열 수 있게 하기 위해서였다. 공개할 수 있는 화면은 에스비에스(SBS) 설날 특집 '한라에서 백두까지'에 한 꼭지로 넣기로 하고, 피디(PD)와 카메라 기자가 같이 갔다.

그런데 가는 첫날부터 일정이 어긋났다. 중국에서 우리를 안내하기로 했던 김 목사가 약속 장소에 나오지 않았다. 지금도 어렵지만 탈북자를 돕는 일은 숨어서 해야 하는 위험한 일이었다. 중국 공안 경찰도 체포하지만 북한 국가안전보위부가 직접 개입하기 때문이다. 탈북자를 돕는 미국 교포나 남녘 사람을 찾아서 정보를 넘겨주는 끄나풀도 많았다. 주민 가운데서도 보상금을 타려고 신고하는 경우도 많다고 했다. 탈북자를 신고하면 중국 돈으로 한 명에 백 원을 받지만 비밀 입국을 해서 탈북자를 돕는 사람은 많은 경우 오천 원을 준다고 했다. 오천 원은 명동소학교에서 만난 교사 월급 열 달치에 맞먹는 돈이었다. 이렇게 보상금이 많기 때문에 위험했다.

그런데 안내 책임자가 나오지 않으니 당혹스러울 수밖에 없었다. 이틀 전부터 소식이 끊어졌다고 한다. 납치된 것으로 보인다고 했다. 급히 서울에 연락해서 다른 단체를 통해 안내자를 소개 받았다. 김 목사가 납치되었다면 그쪽 사람들을 안내자로 하기에는 너무 위험했기 때문이다.

며칠 동안 여기저기 여행을 하면서 틈틈이 아이들이 숨어 사는 곳을 다녔다. 아이들은 시내에도 있지만 기차를 타고 10시간 넘게 가야 하는 시골, 서너 시간 눈길을 걸어가야 하는 깊은 산속에도 있었다. 아이들 이야기를 듣고, 몇 가지 검사를 했다. 학습능력 검사, 인성심리 검사, 정서 검사를 위한 예술 활동 같은 거다. 아이들과 딸이 노는 모습을 바탕으로 사회성 검사를 하기도 했다.

여러 조사 결과는 나중에 탈북 아이들을 대한민국으로 데리고 와야 한다고 주장할 근거가 되었다. 각 분야 학자들은 남북 문화 통합 교육과정을 짜는 기초 자료로 썼다.

아이들은 먹을 것 때문에 중국으로 온 경우가 많았다. 먹을 것을 구하면 북녘으로 돌아갔다. 빨리 집으로 돌아가고 싶어 하는 아이들에게는 돈을 줘서 떠나도록 했다. 그런데 열 명 가운데 한두 명은 한국으로 오고 싶다고 했다. 중국으로 오는 길에 부모가 죽었거나, 고향에 이미 식구가 없는 아이들이었다. 그런데 한국 정부에서 아이들을 받지 않겠다고 했다. 정말 황당한 이야기였다.

유고 독립전쟁을 이끈 티토는 전쟁 중에도 30만 명이 넘는 아이들을 안전하게 보호하기 위한 조처를 했다. 우리 아이들이 다른 나라에서 정처 없이 떠돌고 있는데, 정부에서 모른 척한다는 건 있을 수 없는 일이다.

실태 조사를 마치고 돌아오는 날 심양 호텔에서 목욕을 하는데, 머리카락 한 줌이 뭉텅 빠졌다. 다시 잡아당기니 또 한 줌이 뭉텅 빠졌다. 너무 슬프고 괴로워서 머리가 빠진 것이다. 숨어 다니느라 받은 스트레스도 원인일 것이다. 탈모가 여름까지 진행돼서 완전히 민머리가 되었다가, 탈북 아이들이 남녘으로 들어오기 시작한 가을에야 다시 머리카락이 났다.

나는 너무 큰 충격을 받고 돌아왔다. 그리고 바로 청와대로 아이들이 김대중 대통령에게 쓴 편지를 보냈다. 아이들이 남녘으로 오고 싶다고 하면 받아들여야 한다고 주장하고 다녔다. 기금을 모아 다시 중국으로 가 탈북 아이들을 찾아다니며 도왔다. 집으로 돌아갈 수 있는 아이는 차를 빌려 국경까지 태워다 주었다. 중국에 숨어 살아야 하는 아이들은 몇 명이라도 공부할 수 있는 여건과 기회를 만들어 주려고 애썼다. 그 방법은 아직 밝힐 수 없다.

그해 9월부터 정부에서 탈북 아이들을 받기 시작했다. 예정에 없이 갑자기 아이들을 받아들이기 시작한 것이다. 탈북자 교육기관인 통일부 소속 '하나원'으로 아이들이 들어왔다. 통일부에서도 전혀 예상하지 않았던 일이라 문화 통합 교육 준비는 물론 정부에서 배정한 예산도 없었다. 담당자가 우리 쪽에 도와달라고 하였다. 정병호, 이기범이 앞장서서 긴급 모금으로 예산을 마련하고, 하나원 지하에다 '하나둘학교'를 만들었다. 모금한 성금으로 전담 교사를 채용하고, 나와 이부영, 최기룡이 하나원에 가서 하나둘학교 교육 과정을 만드는 일을 도왔다.

예산이 배정된 뒤로는 하나원에서 하나둘학교를 운영하고, 한겨레 중·고등학교를 비롯한 교육기관을 정부에서 운영했다. 종교 단체나 민간단체에서도 관심을 갖고 새터민 아이들을 위한 활동이나 대안학교를 운영하고 있다.

그러나 아직도 새터민 아이들은 우리 사회에 떳떳하게 나서지 못하고 있다. 밥을 굶지 않는 것 빼고는 북녘에서 살 때가 좋았다고 말하는 아이도 있다. 이 아이들이 아름다운 희망의 무지개를 만들 수 있도록 우리 사회가 빛을 나누어 주어야 한다.

새 천년 어린이 선언

방정환 탄생 100주년을 맞아

　서울 대학로에 있는 한국 크리스찬 아카데미(2000년 대화문화 아카데미로 바꿈)는 쓰던 건물을 어린이 운동 단체들에게 빌려 주기로 했다. 월간지 〈대화〉에서 방 한 칸을 쓰고, 지하에 전국 학부모연대, 1층에는 어린이도서연구회, 2층에는 공동육아연구 회와 어린이어깨동무가 전세로 들어왔다. 우리는 그 집을 '어린 이 평화의 집'으로 부르기로 했다. 이 단체들이 어린이 평화의 집에 함께 자리 잡으면서 교류가 활발하게 이루어졌고 서로 힘 이 될 수 있었다. 세 단체가 모두 양과 질에서 크게 자라난 때였 다. 이때 함께 한 일이 '새 천년 어린이 선언'이다.

　1999년은 방정환 탄생 100주년이 되는 해여서 단체마다 행 사를 준비하고 있었다. 어린이 평화의 집에 있는 단체들은 방정 환과 1920년대 어린이 운동을 다시 살펴보면서 그 정신을 되새 겨 보자고 하였다. 1923년에 발표한 어린이날 선언을 이기범(어

1999년 5월 1일 방정환 탄생 100주년을 기념하는 기념식이 동숭동 '어린이 평화의 집' 마당에서 열렸다. 사회를 보고 있는 이가 글쓴이다.

린이어깨동무), 이주영(어린이도서연구회), 정병호(공동육아와 공동체교육)가 같이 보고 틀을 잡았다. 그 내용을 어린이 운동 단체에 보냈고, 각 단체에서 보내 준 의견을 반영했다. 그렇게 해서 완성한 것이 '새 천년 어린이 선언'이다.

평화·생명·꿈의 새날을 여는 새 천년 어린이 선언

어린이 운동이 나갈 길

- 어린이가 평화로운 가정, 평화로운 학교, 평화로운 사회, 평화로운 한반도, 평화로운 지구촌에서 살 수 있게 합시다.
- 어린이들이 서로 친구가 되고, 자연과 친구가 되어, 이 세상의 모든 생명과 함께 살 수 있게 합시다.

방정환 탄생 100주년 기념식을 마치고 서울대병원 어린이 병동에 들러 위문 공연을 했다. 그뒤 종로를 지나 세종 문화회관 뒷마당 방정환 생가터 앞까지 행진하고, 새 천년 어린이 선언을 발표했다.

- 어린이들이 자유롭게 꿈을 꾸고, 그 꿈을 키워가며, 이를 실현 할 수 있게 합시다.

어른들에게
- 어린이를 어른 마음대로 다스리려고 하지 마세요.
- 어린이를 어리거나 다르다고 차별하지 마세요.
- 어린이들이 친구들과 함께 놀 수 있는 시간을 주세요.
- 어린이들이 생명을 존중하고, 자연 속에서 살 수 있게 하세요.
- 어린이들을 때리거나 괴롭히지 마세요.
- 어린이들이 풍부한 문화를 경험하게 해 주세요.

- 불편한 어린이도 다니기 쉽게 해 주세요.
- 남과 북의 어린이들이 모두 건강하게 자랄 수 있도록 도와주세요.
- 하루 빨리 통일을 이루어 남북 어린이들이 친구가 되게 해 주세요.

어린이 동무들에게

- 많이 웃고 많이 뛰어 놉시다.
- 모든 생명을 소중하게 여기고 자연을 가까이 합시다.
- 아끼고 살며, 여유 있는 마음으로 어려운 친구와 나눕시다.
- 다른 사람을 놀리거나 따돌리지 맙시다.
- 좋은 책을 읽고 아름답고 희망찬 꿈을 가집시다.
- 북녘 어린이를 친구로 여기고 사랑을 나눕시다.

우리들의 희망은 오직 한 가지 어린이들이 건강하고 바람직하게 자라는 데 있습니다. 다 같이 내일을 살리기 위해 다음 몇 가지를 실천합시다.

- 어린이들은 평화·생명·꿈의 새 날을 만들어갈 사람들입니다.
- 어린이들을 차별하지 마십시오.
- 어린이들은 또래들과 함께 자라야 합니다.
- 어린이들이 생명이 가득 찬 자연 속에서 살아야 합니다.

새 천년 어린이 선언은 21세기를 앞두고 발표된 어린이 선언이다.

- 어린이들을 때리거나 괴롭히지 맙시다.
- 어린이들이 바람직한 문화 활동을 즐겨야 합니다.
- 남과 북의 어린이들이 함께 어깨동무하고 놀게 합시다.

이 선언문은 1999년 5월 1일 토요일 세종문화회관 분수대 방정환 생가 터 앞에서 발표했다. 그리고 어른 공동 대표와 어린이 대표 서른세 명이 청와대로 가서 대통령께 선언문을 전달했다. 그리고 5월 5일 어린이날에는 지역 곳곳에서 마련한 어린이날 잔치에서 새 천년 어린이 선언을 낭독했다. 2000년대 중반까지 어린이날 행사 때 활용했는데, 요즘은 거의 잊어버린 것 같다. 지역에서 어린이날 행사 때 다듬어서 쓰면 좋겠다.

어린이 잡지가 필요해

이오덕 선생님의 뜻을 잇자

옛날에 아이들은 모두 개똥이였습니다.

개똥이가 가장 예쁜 이름이었대요.

"개똥아! 개똥아!"

할머니도 할아버지도 아이들을 그렇게 불렀지요.

잡지 〈개똥이네 놀이터〉를 읽으면 우리 모두 개똥이가 되겠네요.

개똥이는 씩씩하고 정이 많은 아이니까요.

— 권정생, 〈개똥이네 놀이터〉, 2005년 12월호

2005년 12월에 이오덕 뜻을 이어 가자는 마음으로 만든 어린이 잡지 〈개똥이네 놀이터〉 창간호가 나왔다. 권정생은 창간호에 '개똥이' 말 뜻을 풀이했다.

어린이를 지키고 살리는 일을 해 오던 이오덕이 돌아가시고 한 달쯤 뒤인가 보리 출판사 대표 윤구병이 만나자고 하더니,

대뜸 이러셨다.

"이오덕 선생님이 어린이 문화 운동 단체를 만들려고 하셨고, 좋은 어린이 잡지가 필요하다고 여러 차례 말씀하셨는데, 그 일을 이주영 선생이 가장 잘 알고 있다지요?"

"네, 그렇다고 할 수 있지요. 이오덕 선생님은 〈어린이〉 같은 잡지가 있어야 한다고 늘 말씀하셨어요. 1986년 풀빛 출판사에서 〈겨레와 어린이〉를 펴냈고, 1988년에는 지식산업사에서 〈아이들 나라〉를 출판했잖습니까? 그게 어린이 잡지를 만들고 싶은데 형편이 안 되니까 먼저 부정기간행물이라도 만들려고 하신 겁니다. 제가 기획 회의나 원고 모으는 일을 도와드렸습니다. 〈어린이〉는 처음 몇 해 동안 얼마 안 팔려서 손해를 많이 보면서도 꾸준히 펴냈어요. 그러다 점점 늘어서 1930년대는 삼만 부나 발행했다고 합니다."

"1930년대에 삼만 부나 발행했다고요? 그 부수는 지금도 어려운데요."

"그렇다고 개벽사가 이익을 본 건 별로 없어요. 어린이 운동을 도운 거지요. 〈어린이〉가 어린이 삶을 가꾸는 교육과 문화 운동에 큰 영향을 주었으니까요. 그 정도로 영향을 줄 수 있었던 까닭은 여러 어린이 운동 단체와 함께했기 때문이에요. 사실 〈어린이〉는 어린이 운동 단체인 색동회와 조선소년운동협회 기관지나 마찬가지거든요. 어린이 운동 단체 회원들이 글을 쓰고, 전국 450여 소년회 회원들이 보았으니까요. 1920년대 어린이 운동은 〈어린이〉 잡지와 함께했지요."

"음, 그래서요?"

"이오덕 선생님이 1980년대 형편에서는 그런 어린이 잡지를 만들기 어렵다고 보고, 어린이를 살릴 수 있는 어린이문화운동 단체협의회 같은 단체를 먼저 만들어서 어린이 운동을 다시 일으켜야 한다고 하셨어요. 한국글쓰기교육연구회, 어린이도서연구회, 전초협 같은 단체들과 여러 분야에서 활동하는 어린이 활동가들이 모여서 힘을 모아야 한다고 하셨지요. 준비 모임에 부를 단체와 사람을 적어서 저한테 주셨어요.

몇 차례 준비 모임을 했는데, 저보고 사무국장을 맡으라고 하시는 거예요. 그게 1989년인데 제가 전초협 운영위원장을 할 때고, 전교조를 만들려던 때라 사무국장 일을 할 시간이 도저히 안 된다고 했습니다. 다른 사람한테 사무국장 일을 맡겨서 하고 계시면 전교조 결성을 마치고 일을 맡겠다고 했지요. 이오덕 선생님이 무척 서운해하면서 제가 맡아 주지 않으면 어렵다면서 우선 문학 단체를 만들어야겠다고 하시더라고요.

그래서 한국어린이문학협의회를 만드셨어요. 한국어린이문학협의회 분과 조직을 보면 동화, 동시, 옛이야기 같은 문학 관련 분과만이 아니라 아동극, 그림, 문화 분과도 있어요. 아동극 분과는 엄인희, 그림 분과는 류재수, 문화 분과는 이주영, 이런 식으로 맡을 사람까지 다 생각해 두셨더라고요. 우선 문학을 중심으로 하면서 문화 전체를 아우르는 단체로 발전시키려고 하셨던 거지요. 그때 사무국장을 못한다고 한 게 참 죄송하고 지금도 마음의 빚입니다."

"그러면 이오덕 선생님 뜻을 잇는 어린이문화운동단체협의회를 만드세요. 그 단체 기관지 역할을 할 수 있는 어린이 잡지를 보리가 만들 테니까요."

이렇게 해서 어린이문화운동단체협의회 준비 모임을 시작했다. 모임에서는 보리 출판사가 만들 어린이 잡지가 나아가야 할 방향과 내용에 대한 이야기를 하기 시작했다. 이 모임은 2003년 11월 27일부터 2004년 7월 15일까지 모두 아홉 차례 모임을 가졌다. 대구에서는 임성무가 앞장서서 대구 어린이문화협의회를 먼저 만들기도 했다.

그러나 2004년 9월 14일에 준비 모임이 해체되면서 어린이 문화 운동 단체를 만드는 길로 나아가지는 못했다. 그렇지만 보리 출판사가 어린이 잡지 〈개똥이네 놀이터〉를 내는 데 소중한 밑거름과 나침반이 되었다. 2005년 12월, 보리 출판사는 어린이 잡지 〈개똥이네 놀이터〉와 부모님 책 〈개똥이네 집〉을 한 묶음으로 잡지를 펴냈다. 〈개똥이네 놀이터〉는 아이들이 일 년 열두 달 철 따라 달라지는 자연과 생명의 소중함을 느끼게 해 주고, 자연과 함께 살아가는 방법을 이야기해 주고, 놀이를 하면서 일을 배우는 모습을 다달이 담아내려 애썼다.

〈개똥이네 집〉에서는 어린이 교육과 문화 전반, 예술, 평화를 아우르는 폭넓은 이야기, 대안교육, 아이랑 함께 커 가는 어른

이오덕 선생님 무덤가에 있는 '새와 산' 시비. 이오덕 선생님은 유언으로 조문객을 받지 말라 했다. 다만 이오덕 선생님 시 '새와 산', 권정생 선생님 시 '밭 한 뙈기' 시비를 세워 달라 했다. 충주 무너미에는 두 시비가 마주보고 있다.

들 이야기, 철에 맞는 살림살이 지혜, 살아가는 이야기, 교육문화운동단체 소식들을 두루 담아내려고 노력하고 있다.

어린이가 참되게 살아날 수 있는 어린이 문화를 만들려면 어른 생각과 문화부터 바꿔야 한다. 가정 문화, 마을 문화, 사회 문화가 살아나야 한다. 1920년대처럼 어린이 운동 단체들이 활발하게 활동하지 못하는 상태에서 〈개똥이네 놀이터〉가 이렇게 자라고 있는 건 고맙고 반가운 일이다. 이는 영업 이익에 얽매이지 않고 좋은 어린이 잡지를 만들겠다는 출판사 의지가 큰 힘이다.

2014년 3월 〈개똥이네 놀이터〉가 100호 기념호를 냈다. 100호를 기념하면서 '개똥이네 나누리' 운동을 펼치기 시작했다. 이 운동은 〈개똥이네 놀이터〉를 보기 어려운 처지에 있는 어린이한테 그 사랑을 나누려는 운동이다.

개똥이네 식구가 만 명을 넘어 삼만 명이 되고, 오만 명이 되고, 십만 명이 되고, 백만 명이 넘어서는 날이 오면 〈개똥이네 놀이터〉가 추구하는 어린이 문화를 만들 수 있을 것이다. 이 땅에 씩씩하고 정이 많은 어린 개똥이와 젊은 개똥이, 늙은 개똥이들이 드글드글 넘쳐 나는 그날, 참 살맛 나는 세상이 될 거다.

새로 만들어지는 단체

흩어지는 사람들, 갈라지는 단체들 1

내가 어린이문화운동단체협의회 준비 모임(준비 모임)을 앞
장서서 이끌다가 2004년 9월에 대표를 물러나면서 준비 모임을
해체했다. 그 까닭은 어린이도서연구회 회원 가운데 몇 명이 문
제가 있다고 했기 때문이다. 어린이도서연구회가 사단법인으로
등록하고, 초대 이사장을 맡았던 조영황 변호사가 순천지법 판
사로 가면서 내가 2, 3, 4대 이사장을 계속할 때였다. 한 사람이
긴 기간 동안 이사장을 하는 걸 못마땅하게 생각하는 회원도 있
었다. 그런 생각을 하는 회원들 가운데서 어린이도서연구회 이
사장이 특정 출판사에서 만드는 잡지 모임을 주관해도 되느냐
는 의견이 나왔다.

어린이 문화 운동에서 어린이 잡지를 만드는 일은 꼭 해야 할
중요한 일이었지만 준비 모임에서 했던 일이 잡지 기획이 전부
였기 때문에 그런 비판이 나올 만했다. 그 의견에 잘못이 있다

고 보기 어려워 준비 모임 대표를 그만두기로 했고, 준비 모임
은 자연스럽게 어린이 잡지 〈개똥이네 놀이터〉 창간준비위원회
가 되었다.

그러나 그 속내는 더 복잡했다. 1980년대 이오덕의 뜻을 중
심으로 움직이던 어린이 교육과 문화 운동 단체가 1990년대 말
부터 다른 생각을 하기 시작했다. 그러더니 2003년 8월 25일,
선생님이 돌아가시자 빠른 속도로 조직이 갈라섰다. 이는 김대
중과 노무현이 대통령에 당선된 뒤 사회변혁 운동 진영이 갈라
섰던 흐름과 무관하다고 할 수 없다. 어린이 운동 단체에서는
그나마 이오덕이 있어서 뚜렷하게 겉으로 드러나지 않았을 뿐
이미 속은 나눠지고 있었다.

가장 먼저 갈라진 모임은 한국글쓰기연구회(한국글쓰기교육연
구회가 1993년에 이름을 바꿈. 글쓰기회)다. 글쓰기회는 1983년에
이오덕이 연구하고 실천한 '삶을 가꾸는 글쓰기 교육'을 지지하
는 사람들이 모여서 만들었다. 이오덕이 가장 공을 들인 단체로
참교육 정신이 강하고, 회원 한 사람 한 사람이 실천하는 삶이
참 대단했다. 그때 글쓰기회가 마치 이오덕 친위대 같다고 비꼬
는 말도 들었다. 어떻게 글쓰기회 교사들은 다 비슷하냐고, 왜
그렇게 폐쇄적이고 배타적이냐는 비판을 받기도 했다.

그런 글쓰기회가 선생님이 돌아가신 지 얼마 안 돼서 지역 모
임 세 군데가 중심이 되어 모임을 따로 만들었다. 지금은 '글과
그림'이라는 모임으로 활동하고 있다. 글쓰기회는 2004년에 단

체 이름을 원래 이름인 '한국글쓰기교육연구회'로 바꾸고, 사단 법인으로 등록하였다.

두 번째로 갈라진 단체는 한국어린이문학협의회다. 한국어린이문학협의회는 1989년에 글쓰기회 회원 가운데 어린이 문학을 하는 사람들이 민족작가회의 어린이문학분과를 겸하는 단체로 만든 것이다. 이오덕이 민족작가회의 아동분과장을 맡고 있었기 때문이다. 한국어린이문학협의회는 2002년 여름 연수 때부터 논쟁이 시작되면서 활동이 위축되었다. 거기다 이원수 친일문학 자료가 발굴되면서 단체는 더 흔들렸다. 2005년에는 기관지로 발행하던 월간 〈어린이문학〉이 광고를 못 받아 발행할 수 없다며 갑작스럽게 휴간하는 일이 생겼다. 그래서 한 사람이 30만 원씩 기금을 내는 '100인 위원회'를 만들어 월간 〈어린이와 문학〉을 따로 펴냈다. 많은 회원이 〈어린이와 문학〉에 참여했다. 한국어린이문학협의회에서는 2007년에 일부 회원이 뜻을 모아 다시 〈어린이문학〉을 계간으로 되살려 내고 있다.

어린이도서연구회는 2005년에 조직이 나뉠 뻔한 진통을 겪으면서 위기를 넘겼다. 그 과정에서 일어난 문제로 인사위원장이면서 조직단일화추진위원장이었던 나를 비롯한 몇몇 이사들이 자청해서 임원 피선거권 자격 정지 3년이라는 징계를 받았다. 그러한 가운데 회 내부 문제가 터지면서 추스르고 나아가야 할 여러 과제를 원만하게 풀어 나가기 어려웠다. 그때 마포구 서강구립도서관을 위탁받았는데 도서관 위탁과 운영에 대해 회원들끼리 의견이 달랐다. 의견 충돌이 커지면서 지부 세 곳이 '어린이책시민연대'를 따로 만들었다.

또 어린이도서연구회 회원으로 활동하다가 어린이도서연구회는 그만두었지만 '우리 아이들을 살려야 한다'는 이오덕 정신을 사회에 펼쳐 나가는 활동을 하고 있는 사람들도 꽤 있다. '마을 작은도서관 만들기', '학교도서관문화운동네트워크', '새롭게 보는 박물관학교' 같은 단체들이다.

'마을 작은도서관 만들기'는 단체 이름은 아니고, 마을마다 어린이 도서관을 만드는 운동을 한다는 뜻이다. 지금 '작은도서관'은 전국에 수천 개나 된다. 따라서 어린이도서연구회 회원들이 만든 어린이 도서관 수가 큰 비중을 차지한다고 할 수는 없다. 그러나 '마을 어린이 도서관'이라는 말을 잘 쓰지 않던 1980년대에 어린이도서연구회에서는 마을 어린이 도서관을 만들었다. 1990년대 중반부터는 '작은 어린이 도서관'이라는 이름으로 어린이도서연구회 동화읽는어른모임 회원들이 마을에 어린이 도서관을 만들기 시작했다.

전임 전영순 사무총장은 어린이도서연구회를 떠나고 나서도 어린이 도서관을 운영하고, 어린이 도서관 알리기에 전념했다. 지금도 10년이 넘게 지역에서 어린이 도서관을 운영하고 있다. 2000년대 들어와서는 주로 '작은도서관'이라는 이름으로 마을에 어린이 도서관 만들기를 꽃피우며 널리 퍼지고 있다. 지금은 정부와 지방자치단체에서도 관심을 보이고 있다.

어린이도서연구회는 1994년부터 학교 도서관 살리기 운동을 시작했다. 1995년에는 '제1회 학교 도서관 살리기 좋은 책 보내기'를 시작했는데, 그해 전국 도서 벽지와 저소득층 지역에 있는 공부방과 마을 도서관 135곳에 책을 보냈다. 1997년부터는 '학급문고 살리기'로 바꾸고, 학부모들이 학급에 좋은 책을 보내도록 하였다. 이런 운동으로 학급에 보낸 책 권수도 만만치 않았지만 학교 도서관과 학급문고가 얼마나 열악한지 사회에 알리는 효과가 있었다.

전교조나 참교육학부모회를 비롯한 여러 단체가 공감하였고, 교육 행정가나 교사들이 학교 도서관이나 학급문고 현실을 돌아보는 계기가 되었다. 그 뒤로 교육청에서 책을 구입하는 데 학교 예산 5퍼센트를 쓰라는 학교 예산 지침을 내렸다. 학교 도서관 예산이 대폭 늘어난 것은 우연한 일이 아니다.

1997년부터는 어린이도서연구회 사회부 회원들이 앞장서서 공공 도서관 어린이실 운영과 책 현황을 알아보는 설문지를 돌리고, 직접 눈으로 확인하는 작업을 했다. 그 조사로 공공 도서관 어린이실이 얼마나 열악한지 널리 알리게 되었고, 여러 사회 단체와 함께 공공 도서관 어린이실 개선 활동을 활발하게 펼쳤다. 이런 운동이 공공 도서관 관계자들을 자극하기도 했다. 학교와 공공 도서관에서는 어린이도서연구회에서 펴낸 목록을 요구했다. 어린이도서연구회에는 목록을 만들어 만 권이 넘게 나누어 주었다. 나아가 공공 도서관 어린이실과 학교 도서관 사서

들에게 교육을 시작했다. 현재 '학교도서관문화운동네트워크'에는 그 무렵 학급문고 살리기, 학교 도서관 살리기, 공공 도서관 어린이실 살리기, 사서 교육과 사서교사 모임 만들기를 시작했던 어린이도서연구회 전임 김경숙 사무총장과 사회부원으로 활동했던 회원들이 열심히 활동하는 것으로 알고 있다.

'새롭게 보는 박물관학교' 오명숙 대표는 어린이도서연구회 전임 문화부장이었다. 문화부장 활동을 하면서 박물관이나 미술관을 비롯한 전시관이 어린이 삶에 끼치는 영향에 관심을 갖게 되었다고 한다. 그래서 책과 함께하는 박물관 교육을 시도하고, 어린이를 위한 운영 체제와 전시 공간을 갖춘 어린이 박물관이 필요하다는 운동을 펼치고 있다.

'행복한 아침독서' 한상수 대표도 어린이도서연구회 동화읽는 어른모임 회원 활동을 하다가 회사를 그만두고 마을 어린이 도서관 운동에 뛰어들었다. 어린이도서연구회나 글쓰기회에서 회원 교육을 받았거나 지역에서 동화읽는어른모임 활동을 하다가 전교조, 참교육학부모회, 공동육아협동조합, 어린이어깨동무, 아이건강국민연대, 책읽는 사회 만들기 국민운동, 도서관 친구들, 놀이하는 사람들을 비롯한 여러 단체로 가서 활동하는 사람도 종종 만날 수 있다.

어린이도서연구회와 글쓰기회는 1980년대에 민주화 운동의 부문 운동으로 어린이 문화 운동의 출발점이었다.

등불이 된 또 다른 활동

흩어지는 사람들, 갈라지는 단체들 2

어린이 놀이 운동이나 노래 운동 단체들도 갈라지는 일들이 일어났다. 어린이를 위한 활동을 주요 사업에서 밀어내는 단체도 있었다. 전교조가 그랬다. 1980년대에 글쓰기회 회원 대부분이 '민주교육추진 전국교사협의회' 결성에 앞장섰고, 전교조로 나가는 데 노둣돌이 되었다. 전교조를 만들 때 기록을 보면 10개 지부에서 대표나 주요 집행부 임원을 맡은 사람이 글쓰기회 회원이거나 글쓰기회 출신 교사들이었다.

전교조가 교사와 국민들한테 보여 준 참교육 정신과 내용은 이오덕 뜻을 따르는 글쓰기회에서 시작한 것이다. 참교육이라는 말부터가 이오덕이 처음 쓴 개념이다. 전교조는 1999년에 합법화가 되었는데 그해에 선생님한테 참교육상을 드렸다. 전교조는 만들 때부터 초등위원회를 중심으로 어린이 교육 문화 운동을 앞장서 이끌어 나갔다. 그러나 2000년대 중반 뒤로는 5월이면 전교조 지부나 지회에서 기획하고 주관하던 '어린이날 놀이마당'을 찾아보기 어렵게 되었다. 학교행정정보종합시스템(NEIS), 교원 성과급, 교원 평가 문제가 어린이 교육 문화 운동보다 중요하다고 보았기 때문이다.

오랫동안 어린이 교육 문화 운동을 함께했던 사람들이 왜 흩어져야 했는지, 왜 다른 단체를 만들어야 했는지 그 까닭을 따지고 싶지 않다. 그때는 그 길이 옳다고 믿었고, 그 믿음이 그럴 수밖에 없는 상황을 만들었다. 나부터 미숙했고, 사람들에 대한 믿음이 흔들렸고, 그런 흔들림이 나를 교장 승진 대열에 끼어들게 했다. 승진 점수를 따기 위해, 교장한테 근무평점을 잘 받기 위해 하지 않아도 될 일을 했다. 그리고 꼭 해야 할 일을 하지 않았다. 무엇보다 4년이나 담임을 맡지 않았다. 참 부끄러운 일이다. 그러니 그 다툼에 대해 옳고 그름을 말할 자격이 없다.

단체가 커지면 갈라지게 되어 있고, 갈라져서 잘 살아나면 더 좋은 것이다. 단체가 갈라지거나 회원들이 흩어지는 까닭은 대부분 두 가지 경우다. 하나는 주도권 다툼 때문이고, 다른 하나는 핵심 사업에 대한 생각이 다른 경우다. 후자라면 당연한 일이지만, 전자라면 너무나 슬픈 일이다.

하지만 생각이 달라서 또 다른 활동을 만드는 불씨가 된다면 그 운동은 살아나고, 그렇지 못하면 그 운동은 사그라진다. 그런 눈으로 볼 때 1980년대 이후 어린이 문화 운동은 끊임없이 퍼져 나가는 들불이다.

어릴 때 정월 대보름 무렵이면 논밭에 불을 놓으면서 놀았다. 논두렁에 불을 붙이면 어떤 불은 꺼지고 어떤 불은 잘 퍼져 나간다. 불씨가 떨어진 자리에 또 다른 불이 붙으면 잘 퍼져 나가고, 그 불씨가 죽으면 안 퍼진다. 불씨가 죽으면 불쏘시개를 들고 뛰어다니며 불을 놓아야 했다.

지금 어린이 문화 운동은 불을 더 놓을 필요도 없이 들불처럼 번지고 있다. 잡지 〈개똥이네 집〉에 있는 '어린이 문화를 가꾸는 사람들'이나 '교육문화운동단체 이야기' 꼭지를 보더라도 전국 곳곳에서 어린이 문화 운동이 퍼지고 있는 걸 볼 수 있다. 어디서 어떻게 날아간 불씨로 살아난 것인지도 모를 정도로.

어린이문화연대를 만들게 된 까닭 1
어린이 운동 단체들이 모이다

2010년 5월, 보리 출판사 대표 윤구병을 만났다.

"〈개똥이네 놀이터〉 사무실을 아이들을 위한 공간으로 만들어서 운영해 보세요."

서교동에 2층 주택을 전세로 빌려서 1층은 잡지 〈개똥이네 놀이터〉 편집부가 쓰고, 2층은 윤구병 대표가 사무실로 쓰던 거였다. 〈개똥이네 놀이터〉 편집부가 파주 사옥으로 들어가니까 그 자리를 쓰라고 했다. 어린이 문화 발전에 도움이 될 수 있는 일을 하라는 거였다.

"좋습니다. 그럼 그곳을 제 의견대로 쓸 수 있게 해 주세요."

"그래요. 어떻게 쓰는 게 좋을지 이주영 선생한테 맡길게요."

"2003년에 준비 모임을 하다 끝난 어린이문화운동단체협의회를 다시 만들었으면 해요. 어린이 문화가 점점 더 나빠지고 있어 걱정입니다. 저도 좀 시간을 낼 수 있으니까 다시 시작했으면 해요. 일을 하려면 사무실이 필요하니 사무실로 쓸 수 있게 해 주세요."

"그러니까 그 사무실로 쓰라고요. 그래서 아이들하고 같이 하고 싶은 걸 하라니까요."

"아이들하고 뭘 하기는 힘들어요. 제가 학교에 근무하면서 낮에 살펴보기 어렵잖아요. 저는 작은 방 하나면 돼요. 대신 어린이도서연구회가 사무실을 옮겨야 하는데, 아는 곳이 있으면 소개해 달라고 했어요. 그동안 어린이도서연구회가 어린이책과 독서 문화를 가꾸기 위해 많은 일을 했고, 앞으로도 할 일이 많으니까 좀 싸게 빌려 주세요. 그럼 어린이 운동을 하는 주요 세 단체가 다시 한자리로 모일 수 있어요."

"그럼, 그렇게 해요. 그리고 〈개똥이네 놀이터〉, 〈개똥이네 집〉과 어떻게 연대할지도 고민을 해 보고요."

"〈개똥이네 집〉은 학부모와 교사 대상으로 만드는 잡지니까 어린이문화운동단체협의회 기관지로 바꿔 나가도록 할게요. 당장은 안 되고 천천히 여건이 되는 대로요."

그래서 어린이도서연구회에 사무실로 쓸 만한지 와서 보라고 했고, 어린이도서연구회에서 공간도 좋고, 빌리는 조건도 괜찮다고 했다. 이렇게 해서 '어린이 평화의 집' 건물이 없어지는 바람에 헤어진 어린이도서연구회, 어린이어깨동무, 공동육아와 공동체교육이 10여 년 만에 다시 한곳으로 모이게 되었다.

그해 6월에는 어린이어깨동무 황윤옥 사무총장, 공동육아와 공동체교육 이송지 사무총장, 학교도서관문화운동네트워크 김경숙 사무총장, 어린이도서연구회 오세란 사무총장, 어린이책시민연대 변춘희 대표 들이 모였다. 그동안 경과를 이야기하고, 동숭동 어린이 평화의 집에서 함께했던 것처럼 함께할 수 있는 일을 작게라도 시작해 보자고 했다.

모임 이름을 어떻게 정할지 의논하는 과정에서 어린이문화운동단체협의회보다는 '어린이문화연대'로 하기로 했다. 각 단체들이 자기 조직에서 의결을 하여 단체협의회를 만들기가 쉽지 않기 때문이었다. 개인으로 활동하는 사람들도 함께 참여할 수 있는 방법이기도 했다. 우선 함께할 사업이 있으면 연대하고, 보통 때는 서로 정보를 나누고, 생각을 나누는 일부터 시작하기로 했다.

이렇게 해서 어린이문화연대를 만들기 위한 첫 모임을 2010년 7월 27일 하기로 했다. 그런데 내가 위암 검사를 받아 7월 25일에 서울대병원에 입원을 하게 되었다. 첫 모임을 8월 말로 연기하자는 의견이 나왔으나 한 사람 때문에 첫 모임을 연기할 수는 없었다. 어린이 운동은 한 사람 때문에 움직이는 게 아니라는 걸 강조했고, 앞으로 내가 없더라도 누군가 나서서 할 일이니까 그냥 일정대로 하자고 했다.

우여곡절 끝에 일정대로 모임을 하게 되었다. 어린이어깨동무 황윤옥 사무총장이 사회를 맡아서 시작한 첫 모임에 참석한 단체와 활동가들은 다음과 같다.

이선영 정병호 최혜경 황윤옥(어린이어깨동무), 박현정 배현영 오세란(어린이도서연구회), 오세영 정우창(남북문화통합교육원), 김현임 이수정(놀이하는사람들), 박종호 이영근(한국글쓰기교육연구회), 이송지(공동육아와 공동체교육), 김경숙(학교도서관문화운동네트워크), 오명숙(새롭게 보는 박물관학교), 김홍모(만화가), 박기완(애니메이션), 백창우(굴렁쇠아이들), 조혜원(개똥이네 놀이터), 노병갑(국악놀이연구소), 윤희윤(영화읽기교육), 송인현(극단 민들레), 윤구병(보리 출판사)

그날 인사말을 맡은 윤구병 대표는 어린이문화연대를 꾸려서 우리 아이들에게 건강한 문화를 물려주자는 말을 했다. 그리고 남북 어린이들이 평화롭고, 평등하고, 행복한 참삶을 키워 갈 수 있도록 이오덕 뜻을 이어 가길 바란다는 말을 덧붙였다.

정병호 대표는 '새 천년 어린이 선언'을 설명하고, 그 뜻을 덧붙였다.

"1923년 방정환 선생님은 세계어린이인권선언에 앞서서 어린이 선언을 했습니다. 노동자 해방처럼 아이들도 해방되어야 한다는 의미로 5월 1일을 어린이날로 했습니다. 방정환 선생님은 식민지 시대에 어린이 운동이 나갈 길은 계급과 경제의 불평등에서 해방이며, 식민지에서 해방이라고 선언했습니다. 이러한 인권을 지키자는 뜻은 꽤 감동입니다. 어린이 운동 선각자들은 그 시대에 해결해야 할 과제도 제시한 것입니다. 분단 시대에 사는 지금 우리 아이들이 사람답게 사는 맛과 멋을 느낄 수 있었으면 좋겠습니다."

이렇게 해서 어린이문화연대가 첫발을 내딛게 되었다. 많은 어린이 관련 단체와 활동가들이 생각과 활동을 나누고, 공유하는 폭을 넓히게 되었다.

어린이문화연대를 만들게 된 까닭 2

어린이 운동이 가야 할 길

내가 쓴 글은 박종호에게 읽어 달라고 부탁했다. 그때 급히 쓴 글이라 다시 다듬으면서 조금 보탰다. 그 내용은 다음과 같다.

우리 겨레 어린이 운동 역사를 돌아보면, 방정환 선생님이 앞장서 주장한 어린이 해방 선언부터 시작한다고 할 수 있겠습니다. 1923년 5월 1일 제1회 어린이날에 '어린이들을 윤리와 경제 압박에서 해방시켜 고요히 배우고 즐거이 놀기에 마땅한 가정과 사회를 만들자'고 선언했습니다. 그 선언이 나오고 1세기 가까이 되어 가는 지금 우리 사회를 돌아볼 때 '어린이들이 고요히 배우고 즐거이 놀기에 마땅한 가정과 사회'라고 말하기에 너무 부끄럽습니다. 부끄러움을 넘어 죄스럽습니다. 그럼에도 이러한 문제를 똑바로 살피면서 해결해야 할 어린이 운동은 우리 사회에서 너무 부족한 형편입니다.

1920년대 방정환 선생님은 어린이 잡지를 비롯한 좋은 어린이책과 문학, 노래, 미술, 놀이, 연극 같은 다양한 예술문화로 어린이 삶을 가꾸려고 했습니다. 이를 위해 어린이 운동 단체를 만들고, 전국에 어린이 자치 단체인 지역 소년회를 조직하고 운영을 지원했습니다. 또 그 뜻을 담아내고 활동을 알리는 어린이 잡지를 다달이 펴냈습니다. 이러한 방향으로 전개된 어린이 운동을 어린이 문화 운동이라고 부르고 있습니다.

어린이 문화 운동은 시기에 따라 활발하게 펼쳐지기도 하고, 약해지기도 하고, 어떤 부문은 상업주의에 오염되기도 하고, 어떤 부문은 대학 입시교육에 시달리면서 없어지기도 했습니다. 그러나 어린이 삶을 바르게 지키고 가꾸기 위한 운동은 비록 미약하지만 꾸준히 이어지고 있습니다.

1980년대 이오덕 선생님을 중심으로 어린이 삶을 지키고 가꿔야 한다는 관심이 크게 되살아났습니다. 어린이 문학, 어린이 글쓰기교육, 어린이책과 잡지, 어린이 노래, 어린이 놀이를 비롯한 논의가 일어나면서 그 씨앗이 여러 갈래로 자라났습니다. 1980년대 말에는 이러한 현상에 힘을 얻은 이오덕 선생님이 어린이 문화 운동을 하는 단체와 개인들이 힘을 모아야 한다면서 어린이문화운동단체협의회 같은 단체를 만들자고 앞장서기도 했습니다.

1990년대에는 유엔 국제아동인권선언 서약과 이행 점검을 위해 어린이 교육문화 및 인권 단체 15개가 연대활동을 하기도 했습니다. 1999년에는 방정환 선생님이 태어난 지 100주년이 되는 해를 기리는 행사를 관련 단체들이 함께하였습니다. 그 힘으로 1999년 5월 1일에 어린이도서연구회, 남북어린이어깨동무, 공동육아와 공동체교육이 '새 천년 어린이 선언'을 발표하였습니다. 1923년 제1회 어린이날 행사를 재현하는 행사도 했습니다. '어린이 해방' 깃발을 들고 동숭동 어린이 평화의 집에서 종로 거리를 지나 방정환 선생님 생가 터인 세종문화회관 뒤뜰까지 어린이 해방 행진을 했고, 어린이 대표들이 새 천년 어린이 선언문을 발표했습니다.

2003년 이오덕 선생님이 돌아가신 뒤 그 유지를 잇자는 마음으로 어린이 잡지 발간과 어린이 문화 단체 모임을 추진하였습니다. 어린이 운동 단체들이 함께하는 모임은 좌절되었지만, 다행히 어린이 잡지는 〈개똥이네 놀이터〉라는 이름으로 2005년 창간되었습니다.

2010년대를 맞이하는 지금, 우리 사회는 모든 면에서 어린이들이 참된 삶을 지키고 가꾸며 살아가기에 너무 어렵습니다. 어린이들 삶을 억누르고, 그릇되게 하고, 파괴시키는 힘이 점점 더 커지고 있기 때문입니다. 어른들이 바라는 어린이가 되도록 하는 것은 어른들 욕구를 채우기 위해 어린이를 희생하고 있는 것입니다. 이런 사회는 희망이 없습니다. 세계 최고 자살률과 최저 출산율이 그런 절망감을 잘 나타낸다고 할 수 있습니다.

계속 이러한 사회로 나간다면 우리 겨레는 더 이상 미래나 희망을 꿈꿀 수 없습니다.

어린이들 삶을 지키고 가꾸고 살려 내기 위한 어린이 운동이 더욱 필요한 시대입니다. 더 이상 어린이들이 어른들에게 억압되거나 희생당하는 대상물이 되어서는 안 됩니다. 어린이가 자기 삶에 주체가 되어 사람답게 살아갈 수 있는 사회를 만들어야 합니다. 어린이 문화 운동은 그러한 길을 같이 고민하고, 힘을 모아 함께 만든 길을 걷고 싶은 어른들이 해야 할 일입니다. 그것은 어린이들이 고요히 배우며 즐거이 놀기에 마땅한 가정과 사회문화를 만드는 운동입니다. 어린이들이 스스로 자기 삶을 가꾸는 문화를 창조할 수 있는 터전과 시간을 만들어 주는 운동입니다. 어린이와 어른들이 함께 평화를 지향하는 문화를 만드는 운동입니다.

이를 위해서 우선 몇 가지 방법을 제안합니다.

1. 어린이 문화 활동을 하는 단체와 개인을 모아서 어린이 문화 운동을 추진한다. 이를 위해 어린이문화연대를 사단법인으로 만든다. 사무실과 간사 한 명 활동비는 보리 출판사에서 출연한 공익법인에서 지원을 받는다. 운영비는 연대 단체와 개인 회비 및 후원 기금으로 한다.

2. 어린이문화연대는 활동에 따라 다음 단계로 활동 범위를 넓혀 나간다.

1단계 : 어린이 단체와 개인이 실천하고 있는 어린이 문화 활동을 함께 나눈다. 이를 위해 정기모임을 갖고, 〈개똥이네 집〉에 뜻을 펼친다.

2단계 : 어린이 문화 현실을 점검하고 진단한다. 그 진단을 바탕으로 어린이 문화 운동이 나갈 길에 대한 담론을 만든다. 연구 발표회나 토론회를 열고, 여러 매체를 활용하여 사회 의견을 만들어 나간다.

3단계 : 어린이 모임을 만들 수 있도록 돕고, 어린이 모임 활동을 후원한다. 예를 들어 〈개똥이네 놀이터〉 독자나 어린이 단체 회원 자녀를 중심으로 어린이 모임을 만들어 운영하도록 돕는다.

4단계 : 지역 어린이 모임에서 희망하는 예술 공연이나 문화 행사를 기획하거나 후원한다. 좋은 공연이나 행사를 찾아내서 지역 순회가 가능하도록 돕고, 어린이 운동 단체나 어린이 모임에서 만든 성과물을 발표하고 교류할 수 있도록 한다.

5단계 : 어린이 평화 문화를 창조하고 퍼져 나가도록 1년에 한 가지씩 주제를 정해 그에 맞는 문화 행사를 함께 추진한다. 사회 문화에 파급효과를 줄 수 있도록 한다.

3. 어린이 문화 운동이 어느 정도 활발하게 이뤄지면 어린이 문화 전문대학을 세워 평화를 지향하는 어린이 문화에 대한 이론을 개발하고, 실천할 수 있는 지도자를 키운다. 나

아가 한반도에서 시작한 어린이 문화 운동이 세계로 펼쳐 나가 세계 어린이가 손에 손을 잡고 함께 살아갈 수 있는 평화로운 세상을 만드는 데 기여한다.

이러한 꿈이 우리 현실에서 이루기 어렵게 보일 수 있다. 그러나 꿈은 이루어지냐 마냐를 떠나 우리가 나가야 할 방향을 제시하는 것이며, 같은 꿈을 꾸는 사람이 별처럼 가득 차면 마침내 이뤄지는 것이다. 그리고 그 꿈으로 이루는 결과에 앞서 그 꿈을 향해 나가는 과정이 더 소중하다고 생각한다.

어린이문화연대를 만들게 된 까닭 3

어린이 문화 협동조합을 제안한다

어린이문화연대가 나갈 길, 그 한 가지 방법으로 마을마다 어린이 문화 협동조합 만들기를 제안한다. 그동안 여러 가지 틀을 찾아보았는데, 사단법인이나 사회적기업보다는 협동조합이 훨씬 더 알맞다는 생각이 들었다. 어린이 문화 협동조합이란 어린이와 어른이 함께 어린이 문화를 창조하는 공동체를 말한다. 어린이들이 성장하는 데 필요한 좋은 물건을 손쉽게 살 수 있는 협동조합 매장을 운영하고, 그 수익금으로 좋은 공연예술이나 전시예술을 골라서 같이 보는 활동을 한다. 어린이 문화를 창조하는 활동으로는 작은 물건을 함께 만들고, 동요대회나 노래마당을 열고, 마을 어린이 신문사나 방송국 같은 것을 열어 볼 수도 있다.

가정과 마을에서 이러한 어린이 문화 협동조합이 피어나려면 다섯 가지가 필요하다. 첫째, 여러 작은 규모의 맞춤배움터를 만들어 끊임없이 공부를 해야 한다. 둘째, 어린이와 부모가 놀이와 공부, 일이 나누어지지 않는 창조 활동을 해야 한다. 셋째, 먹을거리나 옷, 좋은 책이나 놀이 도구를 비롯한 생활 물품을 손쉽게 살 수 있어야 한다. 넷째, 좋은 공연예술이나 문화 매체를 함께 보면서 감성을 공유해야 한다. 다섯째, 공동체 활동을 오래 할 수 있도록 경제의 토대를 튼튼히 해야 한다.

어린이나 어른 누구나 조합원으로 가입할 수 있고, 조합원은 어린이나 어른 가리지 않고 누구나 평등하게 한 사람이 한 표씩 투표권을 행사한다. 투표권을 행사하기에 너무 어린 나이라면 부모나 후견인을 대리인으로 선임할 수 있다. 그러나 오륙 세만 되어도 스스로 자기 의견을 낼 수 있다. 조합 임원을 뽑거나, 매장에서 팔아야 하는 물건을 정하거나, 함께 볼 공연예술을 고르거나, 함께하고 싶은 문화 행사를 정하는 조합 활동에 대해 투표할 수 있다. 협동조합은 어린이와 어른이 의사를 결정하는 과정에 평등하게 참여해 민주주의를 어려서부터 경험할 수 있다.

협동조합을 설립하려면 다섯 명 이상이 조합원 발기인이 되어 정관을 만들고 창립총회 의결을 거쳐 사무실이 있는 시·도지사에게 신고하면 된다. 협동조합기본법에서 가장 솔깃한 조항은 제45조(사업)이다.

협동조합은 설립 목적을 달성하기 위하여 필요한 사업을 자율적으로 정관으로 정하되, 다음 각 호의 사업은 포함하여야 한다.
1. 조합원과 직원에 대한 상담, 교육·훈련 및 정보 제공 사업

2. 협동조합 간 협력을 위한 사업
3. 협동조합의 홍보 및 지역사회를 위한 사업

이처럼 협동조합 목적을 이루기 위해서 필요한 사업은 스스로 정할 수 있다. 나아가 조합원에 대한 교육, 조합원들의 협력을 위한 사업, 지역을 위한 사업은 꼭 포함해야 한다. 이것은 앞에서 말한 다섯 가지를 모두 포함시킬 수 있는 조건이 된다.

그동안은 마을 어린이 도서관이나 어린이책 전문서점에서 어떤 활동을 하려면 활동 내용마다 따로따로 허가를 받아야 했다. 그런데 협동조합기본법에 따르면 서점, 학원, 요식업, 잡화판매업, 출판업, 여행사, 공연예술단체 여러 가지를 협동조합 설립 목적에 필요한 사업으로 정관에 넣을 수 있는 것이다. 따라서 어린이 문화 협동조합 설립 신고를 하면 여러 어린이 문화 운동을 별도의 허가 없이 마음대로 펼칠 수 있다.

어린이문화연대는 그동안 정기모임을 달마다 해 왔다. 정기모임에서는 연대 단체 활동 이야기를 나누고, 정보를 교환했다. 연대할 수 있는 활동에 대해 논의를 하고 교육이나 행사를 함께 하기도 했다. 그리고 성산동에 동네 책방 '개똥이네 책놀이터'를 만들고 운영에 참여했다. 동네 책방은 어린이 문화 협동조합이 나갈 방향과 사업 내용을 이미 상당히 쌓아 놓은 셈이다.

개똥이네 책놀이터 1층에는 책방이 있고, 2층에는 관련 단체가 있고, 지하에는 어린이문화연대 서부지회인 '문화마당 올챙

동네 책방 '개똥이네 책놀이터' 활동은 어린이 문화 협동조합이 나갈 길을 보여 주고 있다. 책방 한켠의 공간에서 공연도 하고, 함께 공부도 하고 있다.

이랑 달팽이네'가 있다. 책방에는 어린이책을 중심으로 어른이 볼 수 있는 책도 있다. 아이들과 어른들이 만든 동네 지도책이나 바느질로 만든 물건도 팔고 있다. 차나 커피를 만들 수 있는 작은 주방과 몇 명이 음료를 마시며 이야기를 나눌 수 있는 공간이 있다.

책방에서는 작은 전시회를 열고, 동네 아이들 노래 발표회도 하고, 출판기념회도 한다. 2층에는 학교도서관문화운동네트워크가 함께하고 있다. 또 지역 주민이 참여하는 독서동아리 모임과 어린이, 청소년 독서 모임을 하고 있다. 지하에는 방과 마루가 있는데, 어린이 문화에 대한 공개강좌나 어린이와 어른이 함께하는 책 놀이, 책 읽어 주기, 영화 보기, 전래 놀이, 바느질, 글쓰기, 나들이 같은 여러 가지 어린이 문화 동아리 활동을 하고 있다. 이 활동에서 만든 작은 물건들은 1층 책방 한 귀퉁이에 전시도 하고 팔기도 한다.

이와 비슷한 형태로 운영하는 곳이 부산에 있는 어린이책 전문서점인 '책과 아이들'이다. 1층에는 어린이책 매장과 음식을 만들어 먹을 수 있는 식당이 있다. 청소년책 매장을 따로 만들어 놓았고, 이오덕과 권정생 책 판매대도 예쁘게 꾸며 놓았다. 2층에는 빛그림자 공연을 볼 수 있는 상영관과 독서 모임을 할 수 있는 공간이 있다. 이곳에서 강연, 어른 독서 모임, 어린이 독서교실이 열리고 있다. 4층에는 어린이 문화 운동 관련 단체가 있다. 어린이 문학기행을 하는 '길동무'와 시 치료를 하는 단체가 있고, 미술 전시장이 있어 원화 전시회를 할 수 있다. 또 넓은 마당이 있고, 온갖 풀꽃이 자라고 있어 가장 아름다운 동네 책방으로 꼽을 수 있다.

일산에 있는 어린이책 전문서점인 '알모'도 책을 팔고, 지역 주민을 대상으로 강연을 한다. 초·중·고등학생들은 독서 모임을 한다. 이 학생들은 일 년에 한 번씩 자기들이 읽은 책을 바탕으로 권장도서목록을 만들고 있다. 관련 단체로는 어린이도서연구회 일산 동화읽는어른모임이 함께하고 있다.

이러한 경험을 바탕으로 지역 단위로 어린이 문화 협동조합을 만들면 좋겠다. 어린이문화연대에서 함께하는 단체와 활동가들, 어린이 교육문화 운동 단체들, 마을도서관이나 어린이책 전문서점들, 〈개똥이네 집〉 독자들이 연대한다면 얼마든지 가능한 일이라고 생각한다.

3부

나누고 싶은 이야기

윤극영의 '설날'을 불러보면서

어린이 노래 이야기 1

까치까치 설날은 어저께고요 우리우리 설날은 오늘이래요

곱고 고운 댕기도 내가 드리고 새로 사온 신발도 내가 신어요

우리 언니 저고리 노랑저고리 우리 동생 저고리 색동저고리

아버지와 어머니 호사하시고 우리들의 절 받기 좋아하셔요

위 노래는 윤극영이 만든 '설날'이라는 노래다. 윤극영은 방정환을 만나면서 노래 운동을 하게 되었다. 방정환이 어느 날 윤극영의 하숙집으로 찾아와 "우리가 못나서 나라를 빼앗겼어요. 우리는 울며 살망정 내일의 어린이한테까지 이 민족의 불행을 넘겨줄 수 없죠." 하면서 씩씩하고 참되게, 늘 사랑하면서 서로 도와 가는 마음을 새기는 어린이 노래 운동을 펼치자고 했다. 방정환은 색동회 회원들에게 전공하는 분야에 맞게 할 일을 부탁했는데, 윤극영한테는 노래를 부탁했다. 윤극영은 성악을

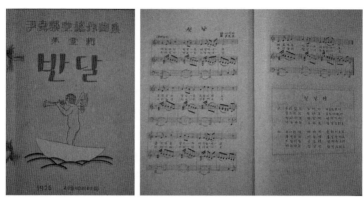

1926년에 나온 우리 나라 최초의 동요곡집 《반달》의 표지와 여기에 실려 있는 '설날' 노래 악보. 작사가 '다리아'로 되어 있다.

공부하고 있었기 때문이다.

윤극영은 집 뒤뜰에 '일성당'이라고 이름 붙인 작은 음악실에 피아노를 한 대 놓고 노래 운동을 시작했다. 윤극영 아버지는 외아들이 음악을 하는 걸 반대했지만, 관동대지진 때 있었던 조선인 학살 사건에서 겨우 살아 돌아온 아들을 위해 집 뒤에 음악실을 지어 준 것이다.

윤극영은 일성당에서 피아노를 치면서 어린이들을 위한 노래를 작곡했다. 동네 아이들이 놀러 와서 작곡한 노래를 같이 부르곤 했는데, 그 아이들 이삼십 명으로 노래 모임을 만들었고, 그 이름을 '다리아'로 지었다. 우리 아이들에게 우리 말로 된 동요, 곧 어린이 노래 운동이 시작된 것이다.

'설날'은 윤극영이 색동회에 가입하고, 조선 아이들에게 조선 동요를 만들어 주자는 방정환 부탁에 따라 만든 노래다. 학교에서는 일본 명절 노래를 가르치니 우리 아이들한테 우리 명절에 즐겁게 부를 수 있는 노래를 만들어 주자는 마음에서 만들었다. 어머니한테 왜 섣달그믐이 까치설이냐고 물었다고 한다.

"까치는 등이 검고 배가 희어. 검은 것은 섣달그믐이고, 하얀 것은 밝아 오는 그 이튿날이지. 환하게 틔운 한 해 첫날이 우리들 설이니, 캄캄했던 전날은 까치설이지!"

곧, 이 노래는 조선이 캄캄한 식민지에서 벗어나 앞으로 환한 새해를 맞이하길 바라는 마음을 담은 것이다. 윤극영은 그 마음으로 어릴 때 즐거웠던 설날 모습을 떠올리면서 노래를 만들었고, 다리아 아이들하고 같이 다듬었다.

나는 초등학교 다닐 때 학교에서 이 노래를 배웠고, 설날에서 정월 대보름 사이에 아이들하고 부르면서 마을을 뛰어다니던 기억이 난다. 가락이 맑고, 밝고 경쾌하다. 그때만 해도 어린 동생들은 색동저고리를 입었고, 여자아이들은 댕기를 드렸다. 오전에는 집안 어른들을, 오후에는 동네 어른들을 찾아다니면서 세배를 드릴 때라 노래 가사가 낯설지 않았다. 다만 우리 집은 어머니가 신발 대신 양말을 사 주었기 때문에 아쉽게 생각했다. 새 신을 사 달라고 투정을 하기도 했다. 어린이들은 어른들이 설 쇠느라 힘이 들건, 식민지 처지이건, 심지어 6·25전쟁 통에 동냥 밥그릇을 들고 다니더라도 즐겁게 놀 수 있다. 그게 어린이들이고, 어린이만이 가질 수 있는 특권이다.

요즘도 '설날' 노래를 부르는 아이들이 있을까? 언제부터인가 이 노래를 부르는 아이들을 보지 못했다. 한때는 설날이면 방송에서라도 들었는데, 요즘은 그마저도 듣지 못한다. 요즘 설 풍경이 너무 달라졌기 때문인가 싶다. 지금 이 시대에 맞는 생활 모습을 담아낸 어린이 노래, 어린이 마음에 깊이 새겨질 어린이 노래들이 새롭게 나와야 한다.

> 어렸을 때 나는 교회 주일학교에서 동요를 배웠다. '고향의 봄', '반달', '집 보는 아이'는 물론이고, 그 밖에 요즘 초등학교에서 가르치고 배우는 동요보다 훨씬 더 많은, 그 몇 배가 되는 양의 동요를 노래로 배웠다.
>
> — 이오덕, 《이 아들을 어찌할 것인가》, 청년사

이오덕은 어릴 때 배운 이런 동요들이 우리 말과 정신을 지키고 가꾸어 나갈 수 있는 힘이 되어서 고맙다고 했다. 평생 동심을 지키면서 바르게 살기 위해 애쓴 그의 삶 밑바탕에는 이렇듯 방정환과 윤극영이 펼친 노래 운동이 양분으로 자리 잡고 있었던 것이다.

오십여 년이 지난 오늘까지도 해가 갈수록 더 그리워지는 추억은 큰누이 무릎에 안겨서 누이가 부르는 '나의 살던 고향은 꽃 피는 산골, 복숭아꽃 살구꽃 아기진달래……'를 듣던 그 곡조와 그 장면이다. 네 살 때 기억이 어쩌면 이다지도 선명할 수 있을까 싶다. 어린 누이들은 남향의 토방 밑에 쪼그리고 앉아 울타리에서 뽑아온 길고 매끈한 숫당개비로 녹은 진흙땅을 다듬이질하면서 노래를 부르고 놀았다. 내 인생에서 처음 배운 노래가 이 노래다. 배웠다기보다는 그 노래 정서와 곡조가 네 살짜리 마음에 녹아들어, 철든 먼 훗날 불현듯 그때 그 장면이 아득한 기억으로 되살아나는 것이다.

- 리영희, 《역정 나의 청년 시대》, 한길사

리영희는 평생 '내 목숨을 걸고 지키려는 것은 진실입니다'를 마음에 새기고 이 거친 세상을 살아낸 분이다. 그런 사람 마음에 녹아들어 있는 노래가 '고향의 봄'이라고 한다.

나는 이런 증언들을 보면서 우리 현대사는 1920년대 어린이 운동가들이 만든 노래의 세례를 받은 사람들과 그렇지 않은 사람들로 나눌 수 있지 않을까 생각한다. 어린이 운동가들은 어린이들과 함께 살고 싶어 했던 세상을 마음에 담아 두고 평생 되새김질하면서 살았다. 나이가 들어서도 그 동심을 잃지 않고 살았기 때문에 우리 사회가 그나마 희망을 가질 수 있지 않았나 싶다.

그때 그 노래들을 2천만 겨레가 모두 즐겼다면 우리 사회는 훨씬 좋아졌을 거라고 믿는다. 그러나 그 노래를 즐길 수 있던 아이들이 얼마나 되었을까? 이런 역사를 볼 때 우리 사회는 어린 시절에 텔레비전에 나오는 유행가만 듣고 자란 어른들보다 좋은 어린이 노래를 마음에 녹여 둔 어른들이 많아져야만 희망이 있다고 볼 수 있다.

고승하와 아름나라 아이들, 백창우와 굴렁쇠 아이들 노래와 함께 평생을 살아갈 아이들이 반이라도 된다면 오십 년 뒤 우리 사회는 훨씬 더 행복하고 신나는 세상이 되지 않을까 싶다. 그러니 부모와 교사들이 아이들과 함께 어린이 노래를 부르고 즐겨야 한다.

시대정신을 담은 어린이 노래

어린이 노래 이야기 2

국립고궁박물관에서 '덕혜옹주' 전시를 보다가 눈에 뜨이는 게 있었다. 1918년 1월 25일자 〈매일신보〉에 실린 '애기씨 유희에 만족하신 양 전하'라는 기사였다. 덕혜옹주가 유치원에서 발표회를 하는데, 다섯 명의 어린이가 '달아 달아 밝은 달아'를 부르며 재미있게 춤을 추었다고 한다. 윤극영도 어릴 때 누나하고 뒤꼍에 숨어서 이 노래를 불렀다고 했지만 이렇게 유치원에서까지 가르쳤을 줄은 몰랐다.

윤극영은 학교에서 가르치는 일본 창가나 '방아타령', '달아 달아 밝은 달아' 같은 옛날 노래밖에 부를 게 없는 우리 아이들한테 꿈과 희망을 주는 노래를 만들어 주겠다는 의욕에 불탔다. 윤극영이 처음 만든 노래가 '설날'이고, 그 다음에 만든 노래가 '반달'이다. 두 노래를 보면 그런 뜻을 분명하게 알 수 있다.

《어린이》 잡지 9호(1923. 10.)에 실린 '반달' 가사와 악보.

푸른 하늘 은하수 하얀 쪽배엔
계수나무 한 나무 토끼 한 마리
돛대도 아니 달고 삿대도 없이
가기도 잘도 간다 서쪽 나라로

은하수를 건너서 구름 나라로
구름 나라 지나선 어디로 가나
멀리서 반짝 반짝 비추이는 건
샛별 등대란다 길을 찾아라

'반달'은 윤극영이 '설날'을 만든 지 얼마 지나지 않은 때에 만든 노래다. '반달'은 두 사람이 손뼉을 마주치면서 빠르게 부르면 신명이 난다. 처음에는 손뼉을 천천히 치다가 점점 빠르게 친다. 손뼉치기는 아이들끼리 많이 했는데, 주로 어머니가 아이들한테 가르치거나 누나들이 동생들을 데리고 가르쳤다. 아마 '반달'은 '봄편지'와 함께 손뼉치기 놀이를 할 때 가장 많이 부르던 노래일 거다. 나도 어릴 때 누나 동무들하고 어울려서 많이 불렀다. '반달'은 느리고 처량하게 부르면 구슬프지만 씩씩하게 부르면 힘이 솟구친다. 부르는 사람에 따라서, 부르는 상황에 따라서, 부르는 기분에 따라서 달라진다.

'반달' 가사를 보면, 현실이 얼마나 외롭고 힘든지 돛대도 삿대도 없이 가야 한다. 그처럼 어려운 현실이지만 그래도 우리 아이들은 꿋꿋이 이겨 내고 씩씩하게 잘 살아 낸다. 다리아 어린이들 호응이 좋아서 작사와 작곡을 금세 했는데, 2절 마지막 '샛별 등대란다 길을 찾아라' 부분은 곡을 붙이기가 가장 어려웠다고 한다. 마지막에 힘을 느끼게 하고 싶었기 때문이다. '샛별 등대란다'에서 '샛별'을 강하고 높게 부를 수 있게 곡을 썼는데 해방이 되고 언제부터인가 '샛별이 등대란다'로 바뀌면서 그 느낌이 약해졌다면서 안타까워했다.

어떤 사람들은 1920년대 어린이 운동가들이 만든 노래에 민족 해방이나 어린이 해방 정신이 담겼다는 걸 부정한다. 특히 1970년대 이후 어린이 노래를 시대정신으로 평가하는 것을 부정하는 사람들이 많이 나타났다. 그들은 크게 두 부류인데, 한 부류는 어린이 노래에 시대정신을 담았다고 보는 것이 잘못이라고 한다. 또 한 부류는 어린이들이 부르는 노래에 시대정신을 담는 것이 잘못이라고 말한다.

첫째 부류 비평가들은 '반달'은 윤극영이 가평으로 시집간 누나가 젊은 나이에 죽자 그것을 슬퍼해서 만든 노래라고 한다. 어려운 겨레 현실, 민족 해방을 바라는 마음이 담긴 노래가 아니라는 것이다. 그러나 윤극영 누나의 죽음은 나라를 일본에 빼앗겨서 일어난 일이다. 누나는 우암 송시열 집안으로 시집갔는데 가평에서 상당한 집안이었다. 나라가 망하면서 집안이 몰락

했고, 누나는 굶주리다 죽기에 이르렀다.

윤극영은 누나가 죽은 까닭은 나라를 잃은 우리 겨레가 당한 비극 때문이라고 생각했다. 그래서 나라를 빼앗긴 우리 어린이들이 아무리 어렵고 힘들더라도 씩씩하게 새로운 해방된 나라를 찾아가기 바랐던 것이다. 노래를 보면, 은하수를 건너서 구름 나라로 가는데 구름 나라를 지나면 어디인가? 구름 나라도 어둡지만, 거기를 지난 서쪽 나라는 어둠으로 가득한 절망과 죽음의 세상이다. 그 절망과 죽음의 세계를 넘어서야 한다. 그래서 마지막에 반짝이는 샛별을 등대로 삼아야 한다고 했고, 그 반짝이는 해방 세상을 함께 찾아서 새로운 새벽을 열자는 뜻을 담았다.

둘째 부류 비평가들은 어린이 노래가 무엇인지 모르거나 애써 부정하려는 사람들이다. 어린이 노래는 크게 아이들이 만든 노래와 어른들이 만든 노래가 있다. '해야 해야 나오너라 김칫국에 밥 말아먹고 장구 치며 나오거라' 같은 노래는 아이들이 놀면서 만든 노래다. 한여름, 냇가에서 발가벗고 멱을 감고 놀다가 몸을 말리려고 하는데 해님이 구름 속으로 들어가면 춥다. 그러니까 해가 빨리 나오라고 비는 노래다. 놀면서 재미로 부르지만 그 속에는 때와 곳에 따른 바람을 담아낸다.

어른들이 만든 어린이 노래에는 문학과 마찬가지로 아이들이 어떻게 살면 좋겠다는 마음을 담는다. 어린이들이 자기 삶을 즐겁고 보람차게, 씩씩하고 참되게 살기를 바란다. 이런 마음을

담지 않고 노래를 만들었다면 자기 이름을 내거나 돈을 벌고 싶
다는 욕심 때문에 만들었을 것이다.

어린이 노래에는 시대 현실을 똑바로 보고, 새로운 세상을 지
향하는 꿈과 바람이 담겨 있어야 한다. 그런 꿈과 바람을 즐겁
고 재미있게 부를 수 있는 노래가 아이들 삶을 가꿔 줄 수 있기
때문이다. '고향의 봄', '반달', '봄편지' 같은 어린이 노래 정신
을 이어 갈 우리 시대 노래들이 필요하다.

연못가에 새로 핀 버들잎을 따서요
우표 한 장 붙여서 강남으로 보내면
작년에 간 제비가 푸른 편지 보고요
우리 봄이 그리워 다시 찾아옵니다.

서덕출이 쓰고, 윤극영이 곡을 붙인 '봄편지' 노랫말이다. 이
노랫말처럼 버들잎 편지를 이 땅의 모든 어른들에게 보낸다. 우
리가 못나서 겨레가 갈라졌다. 우리는 울며 살망정 내일을 살아
가야 할 어린이에게까지 갈라진 시대의 불행을 그대로 넘겨줄
것인가? 그럴 수는 없지 않은가.

일제의 탄압을 이겨 낸 노래 운동

어린이 노래 이야기 3

요즘 장안에서 열리고 있는 어린이 음악회에 가 보면 술집에서나 불러야 마땅한 노래를 어린이들이 부르는 것을 볼 때 통탄하지 않을 수 없다. 어린이들이 그러한 노래를 부른다는 것은 어린이 잘못이 아니라 가르친 어른들 잘못이다.

- 홍난파, 〈동아일보〉 1924년 7월 7일

윗글은 홍난파가 1924년 7월 7일자 〈동아일보〉에 어린이 마음을 좀먹게 하는 것은 어린이 장래를 해치게 한다며, 어린이가 부르는 노래를 비판한 글이다. 홍난파는 우리 어린이 노래 운동사에서 윤극영 다음으로 큰 영향을 끼친 사람이다. 이 글에서 '어린이'라는 말을 쓴 것으로 보아 홍난파도 어린이 운동에 뜻을 같이 했다는 걸 알 수 있다. 홍난파는 〈어린이〉에 실린 이원수의 '고향의 봄'을 작곡했고, 윤석중이 쓴 '낮에 나온 반달', '퐁당

퐁당', '달마중', '휘파람'에도 곡을 붙였다. 1929년에는 등사판으로 《조선동요백곡집》을 만들어 어린이 노래를 널리 알렸다.

그 무렵에 어린이 노래 운동은 여러 곳에서 씨앗을 심고 가꾸는 사람들로 활기를 띠었고, 어린이 노래 운동을 하는 단체도 생겨났다. 마해송이 노래와 동극 운동을 하던 '샛별동무대회', 홍난파가 조직한 '연악회', 정순철, 이헌구, 정인섭 들이 만든 '녹양회', 정인섭이 후원하던 '두루미회', 유기홍이 조직한 '녹성동요회'가 있었다. 이들은 여러 지역을 다니면서 어린이 노래를 알렸다.

동요 작곡자로는 대구 제성학교 교사 박태준, 원산 광명학교 교사 이홍열, 경성보육학교 교사 김태오, 연희전문학교를 나온 현제명, 김성태, 김성도가 있었고, 마산에는 이일래를 비롯한 많은 인재들이 어린이 노래를 작곡하고, 알리는 일에 뛰어들었다. 이들이 작곡한 노래의 가사는 방정환, 이원수, 윤석중, 한정동, 서덕출, 최순애, 권태응, 강소천, 박목월, 정인섭 들이 쓴 것이다.

이들은 〈어린이〉에 시를 쓰기 시작한 사람들이다. 또 윤석중이 열세 살 때 만든 문집 〈꽃밭사〉와 〈기쁨〉, 〈굴렁쇠〉에서 활동하던 사람들이다. 이처럼 〈어린이〉에 시를 발표한 사람들과 어린이 노래 운동을 하던 작곡가들이 있어 1930년대에 어린이 노래가 꽃피울 수 있었던 것이다.

어린이 노래는 어린이 운동가들의 힘으로 온 나라 곳곳으로 퍼져 나갔다. 소년회 지도자들과 학교에서 일본 창가 대신 우리 어린이 노래를 몰래 가르친 수많은 교사들 덕분이었다. 새문안 교회 강신명 목사나 제주도 고택구 목사처럼 교회 주일학교에서 어린이 노래를 널리 알린 사람들도 있었다. 1927년 2월에 문을 연 경성방송국에 들어가 어린이 노래를 알리는 일에 앞장서다 쫓겨난 사람들도 있었다.

조선총독부는 어린이 노래 보급을 막으려고 여러 방법으로 탄압을 하였다. 1926년 5월 10일자 〈동아일보〉에는 평안북도 강계보통학교 5학년 어린이들이 몰래 어린이 노래를 부르다가 경찰에 잡혔고, 이 노래를 가르친 교사와 학부모들이 혹독한 취조를 받았다는 기사가 실려 있다. 윤극영이 이끄는 다리아회 회원이던 윤정석이 나중에 서울 청계보통학교 음악 교사로 발령을 받았는데, 일본 창가를 가르치는 시간에 우리 어린이 노래를 가르치다 걸려서 다른 학교로 쫓겨 가기도 했다. 쫓겨 다니면서도 몰래몰래 노래를 가르치는 일을 멈추지 않았다고 한다.

경성방송국에 들어간 박의섭은 천도교 가정에서 태어나 김순정을 비롯한 여러 필명으로 방송 동요와 방송 동극 운동을 했다. 그는 우리 겨레 역사와 정서를 길러 줄 수 있는 노래를 넣은 동극을 만들어 방송하다가 쫓겨났다. '귀뚜라미', '골목대장', '꿀돼지', '옥토끼', '늙은 잠자리' 같은 노래다.

내선일체를 추진하던 조선총독부는 민족 정서와 의식을 일깨워 주는 어린이 노래가 퍼져 나가는 것을 막으려고 했다. 경성방송에서 방송됐던 어린이 노래 가운데 녹성동요회에서 부른 '서울 구경의 노래'라는 게 있었다. 일본 경찰은 작곡가 유기홍을 불러서 취조했고, 유기홍은 서울을 경성으로 바꾸겠다는 각서를 쓰고서야 풀려날 수 있었다. 하지만 녹성동요회는 그 뒤로 그 노래를 다시 부르지 않았다. 서울을 경성으로 바꿀 수는 없었기 때문이다. 조선총독부는 경성이나 한양이라고 해야지 서울이라고 하거나 어린이라는 말을 쓰면 탄압했다.

기쁘고나 오늘날 5월 1일은 우리들 어린이의 명절날일세
복된 목숨 길이 품고 뛰어노는 날 오늘이 어린이의 날 만세
만세를 같이 부르며 앞으로 앞으로 나아갑시다.
아름다운 목소리와 기쁜 맘으로 노래를 부르며 가세

위 노래는 일제강점기 때 부른 '어린이날' 노래로 조선총독부로부터 탄압 받았던 노래다. 일본 경찰은 제1회 어린이날 행사 때부터 어린이날 노래를 부르며 거리 행진을 하려는 것을 기필코 막으려고 했다. 반면에 어린이 운동가들은 일 년에 한 번이라도 어린이들이 만세 행진을 경험하도록 했던 것이다.

지금 우리가 '날아라 새들아 푸른 하늘을' 하고 부르는 '어린이날' 노래는 1948년에 윤석중이 작사를 하고, 윤극영이 곡을 붙인 것이다. 노동절이기도 했던 5월 1일이 가사에 들어갔기 때문이 아닌가 싶다.

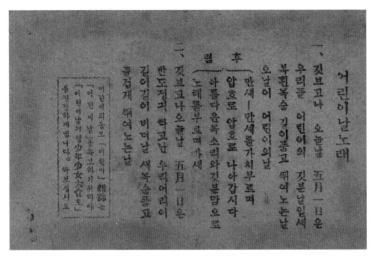

일제강점기에 불렀던 '어린이날' 노래 가사. 1925년 4월에 만들어 제3회 어린이날부터 불리기 시작했다.

어린이 노래 운동가들이 만든 노래를 보면 '어린이날' 노래처럼 힘차게 앞으로 나아가는 어린이가 되자는 노래도 있지만 '봄편지', '기다리던 봄' 같은 봄을 기다리는 소망을 담은 노래도 많았다. '고향의 봄', '꽃동산', '꽃밭' 같은 노래는 꽃이 아름답게 피어나는 모습을 그렸다.

'보셔요 꽃동산에 봄이 왔어요. 나는 나는 우리 고장 제일 좋아요. 오늘부터 이 동산 내가 맡았죠. 물 주고 꽃 기르는 일꾼이야요'

꽃동산에 꽃 피는 봄이 오기를 기다리거나 우리 겨레 아이들이 우리 땅을 지키고 가꾸는 일꾼으로 자라기를 바라는 사람들은 어린이 노래 운동가들만이 아니었다. 조선 사람들은 이런 바람을 갖고 살았다. 그렇기 때문에 온갖 비열한 탄압 속에서도 노래는 더욱 빠르게 널리 퍼져 나갔고, 우리 겨레 마음에 아름다운 꽃처럼 피어났던 것이다.

1940년대 들어서면서 일제의 강력한 탄압에 어린이 노래는 지하로 숨어들었다. 하지만 해방과 함께 삼천리 강산 곳곳에서 어린이 노래는 봄을 맞은 꽃동산처럼 활짝 피어나 온 겨레가 어린이 노래를 함께 부를 수 있었다. 그것은 1920년대에서 1930년대 말까지 20여 년 동안 치열하게 펼쳐졌던 어린이 노래 운동이 있었기에 탄압을 뚫고 나올 수 있었던 것이다.

*이 글은 《한국동요전집》(세광출판사, 1981) 초판본을 근거로 썼음을 밝힙니다.

반공을 강요한 노래

어린이 노래 이야기 4

산토끼 토끼야 어디로 가느냐

깡충깡충 뛰어서 어디를 가느냐

산 고개 고개를 나 혼자 넘어서

토실토실 알밤을 주워서 올 테야

　위 노래는 이일래가 1928년에 작사 작곡한 '산토끼'다. 창녕군 이방초등학교 교사이던 이일래는 딸을 안고 학교 뒷산에서 지는 해를 바라보고 있는데, 바로 앞에서 산토끼가 깡충깡충 뛰어 갔다. 그 모습을 보면서 '우리 민족도 하루 빨리 해방이 되어 저 산토끼처럼 자유롭게 살 수 있으면 얼마나 좋을까' 하는 생각이 들었다고 한다. 그 자리에서 가사를 흥얼거렸고, 집에 와서 작곡했다. 이렇게 탄생한 '산토끼' 노래는 처음에 이방초등학교 학생들이 부르기 시작해, 이웃 학교로 번졌고 전국으로 퍼져 나갔다.

일제는 민족 감정을 일으킨다고 '산토끼' 노래를 부르지 못하게 했다. 일제는 한반도가 토끼의 모습과 닮았다고 왜곡하였는데 노래 가사가 조선 땅을 떠올리게 한다고 했다. 조선이 일제에서 벗어나 스스로 혼자 가겠다는 의지가 담겨 있다고 했다. 그러나 일제가 아무리 못 부르게 해도 '산토끼' 노래는 어린이와 어른들이 함께 부르는 노래로 피어났다.

1920년대 시작한 어린이 노래 운동은 우리 겨레가 어떤 마음을 지키면서 어디로 어떻게 나가야 하는가를 생각하게 하는 노랫말을 담았다. 어두운 현실에 대한 저항과 민족에 대한 사랑을 길러 주는 노래가 어린이한테 많은 사랑을 받았다.

1945년 해방이 되면서 어린이 노래는 그 성격이 달라진다. 해방된 땅에서 새로 세울 나라에서 살아갈 어린이들이 밝고 맑고 힘차게 자라기를 바라는 어른들 마음을 담은 노래가 많이 나왔다. 그런 성격을 가장 잘 드러낸 동요가 '새 나라의 어린이'라고 할 수 있다. 이 노래는 우리 나라가 해방되고 처음으로 창작된 동요이기도 하다.

새 나라의 어린이는
일찍 일어납니다.
잠꾸러기 없는 나라
우리 나라 좋은 나라

윤석중이 작사하고 박태준이 작곡한 이 노래는 5절로 되어 있다. 노랫말은 1행과 4행은 같고 2행과 3행이 바뀐다. 2절에서는 '서로 서로 돕습니다 / 욕심쟁이 없는 나라', 3절에서는 '거짓 말을 안 합니다 / 서로 믿고 사는 나라', 4절에서는 '쌈을 하지 않습니다 / 정답게들 사는 나라', 5절에서는 '몸이 튼튼합니다 / 무럭무럭 크는 나라'로 되어 있다.

이 노래에는 어린이들이 어떻게 자랐으면 좋겠다는 마음이 담겨 있고, 우리 겨레가 세우는 나라에 대한 바람이 담겨 있는 노래다. 이렇게 노래는 어떤 바람을 담고 있는 것인데, 남북 분단이라는 현실 때문에 비뚤어졌다. 남쪽 아이들에게는 이승만을 찬양하는 노래를 부르게 했고, 북쪽 아이들에게는 김일성을 찬양하는 노래를 부르게 했다. 남자아이들에게는 학교나 마을에서 고래고래 소리 높여 부르게 했고, 여자아이들에게는 고무줄놀이를 하면서 부르게 했다.

그러다 전쟁이 터지자 남북 정부는 아이들한테 무시무시한 노래를 부르도록 했다. 북쪽 정권이 강요한 동요는 알 수 없지만 남쪽 정권에서 강요한 동요는 아직도 내 뇌리에 깊숙이 박혀 있다. 6·25전쟁 기념식 때마다 학교 운동장에서 주먹을 부르쥐고 눈물을 흘려가면서 부르던 노래가 있다. 같은 마을 애향단 단원들하고 학교를 오갈 때마다 줄지어 오가면서 부르던 노래가 '육이오 노래'다.

아 아 잊으랴 어찌 우리 그날을

조국의 원수들이 짓밟아 오던 날을

맨주먹 붉은 피로 원수를 막아 내어

발을 굴러 땅을 치며 의분에 떤 날을

이제야 갚으리 그날의 원수를

쫓기는 적의 무리 쫓고 또 쫓아

원수의 하나까지 쳐서 무찔러

이제야 빛내리 이 나라 이 겨레

이런 노래를 동요라고 가르친 어른들, 고무줄놀이를 하면서 이런 노래를 부르도록 부추긴 사회가 어린이들한테 지은 죄가 얼마나 큰지 헤아릴 수 없다. 절대로 동요라고 부를 수 없는 이런 노래를 어린이들이 부르도록 강요한 사회에서 자란 사람들 감수성이 얼마나 취약하고, 논리적 사고력이 얼마나 부실한지는 지금 우리 둘레에서 얼마든지 찾아볼 수 있다. 지금 오륙십대가 어려서 많이 불렀던 노래 가운데는 이와 비슷한 노래가 한두 가지가 아니다.

전우의 시체를 넘고 넘어 앞으로 앞으로

낙동강아 잘 있거라 우리는 전진한다

원한이야 피에 맺힌 적군을 무찌르고서

꽃잎처럼 사라져 간 전우여 잘 자라.

위 노래는 '전우야 잘 자라' 또는 '전우가'로 알려진 현인의 노래다. 9·28수복 뒤에 전파를 탔는데 어린이를 비롯하여 온 국민이 불렀던 노래다. 여자아이들은 이런 노래를 부르며 고무줄놀이를 했다. 고무줄놀이를 하며 부른 노래 가운데 '무찌르자 공산당'도 있었다.

무찌르자 공산당 몇 천 만이냐
대한남아 가는 길 초개로구나
나아가자 나아가 승리의 길로
나아가자 나아가 자유의 길로

1950년대에서 1980년대 초에 어린 시절을 보낸 사람들은 이런 노래를 수없이 불렀다. 아주 즐겁게, 그리고 씩씩하게 불렀다. 운동회 때마다 이런 노래를 부르면서 기마전을 했고, 적을 향해 돌격했다. 이런 노래를 학교에서 배우고 불렀던 사람들은 죽을 때까지 노래가 담고 있는 정서와 세계관을 뇌리에서 지워낼 수 없을 것이다. 끊임없이 감수성을 기르고, 이성적 생각을 하려고 노력하지 않는 한 말이다.

이게 아이들이 부를 노래인가?

어린이 노래 이야기 5

    어느 초등학교에 강의를 갔다가 참 한심한 꼴을 보았다. 운동장에서 3학년 어린이 이백여 명이 '강남스타일' 노래를 따라 부르면서 말춤을 신나게 추고 있었다. 이 노래가 우리 나라뿐 아니라 전 세계 청소년들을 열광시키는 건 안다. 그러나 그렇다고 해서 이 노래를 좋은 노래라고 할 수는 없다. 더구나 학교에서 교사들이 어린이에게 가르칠 노래는 아니다. 춤이나 가락은 그렇다 치더라도 그 가사가 문제다.

    낮에는 따사로운 인간적인 여자 / 밤이 오면 심장이 뜨거워지는 여자 / 낮에는 너만큼 따사로운 그런 사나이 / 밤이 오면 심장이 터져 버리는 사나이 / Eh- Sexy Lady / Eh- Sexy Lady / 가렸지만 웬만한 노출보다 야한 여자 / 때가 되면 완전 미쳐 버리는 사나이 / 지금부터 갈 때까지 가 볼까

'강남스타일' 가사에서 추린 말들이다. 이런 가사를 열 살 어린이들이, 1학년 어린이들이, 유치원 어린이들이 신나게 따라 부른다. 방송에서도 그런 모습을 마구잡이로 보여 주고, 부모들도 좋다고 부추기고, 학교에서도 단체로 부르고 있다. 재미만 있으면 되는가? 곡과 춤이 재미있다고 이런 가사를 어린아이들이 따라 부르는 걸 어른들이 부추겨야 하나?

그저 무조건 갈 수 있는 데까지 가 보자는 막가파식 노래에 아이들을 내맡기고 있다. 방송과 학교, 부모와 교사, 사회와 국가에서 아이들한테 더 열심히 부르라고 부추기고 있다. 그러면서 우리 아이들이 사람답게 자라나기를 바랄 수 있을까?

초등학생 남자아이 셋이 한 여자아이를 성폭행한 뒤 죽여서 묻어 버리고, 길거리에서 작은 부딪침도 참지 못하고 칼로 찔러 죽이고, 완전 미쳐서 갈 데까지 가 버리는 걸 무슨 대단한 용기나 멋진 행동으로 아는 세상을 만들고 있는 게 아닌가?

노래도 이야기와 마찬가지로 어린이 삶에 중요한 예술이고, 많은 영향을 준다. 사람의 마음과 정서, 행동 변화에 영향을 주는 것이다. 그래서 어린이 노래는 어린이들한테 맞는 바른 말과 새로운 세상을 꿈꾸는 희망을 담는 것이다.

그런데 요즘은 어린이들이 어린이 노래를 부르지 않는다. 학교에서도 교과서에 있으니 대충 가르치고 정작 즐기는 것은 '강남스타일' 같은 유행가다.

유행가들은 이렇게 펄펄 살아 날뛴다. 그런데 어린이 노래는 죽었다. 교과서나 동요대회에서나 겨우 숨이 붙어 있다. 그런 어린이 노래를 보면 마치 화석을 보는 것 같다. 수십 년 전 시대의 노래를 그대로 되풀이하고 있으니 말이다. 어린이가 새로운 세상을 꿈꾸게 도와줄 수 있는 노래가 없다. 얼마나 화석처럼 굳어져 버렸는가는 '졸업식 노래'만 봐도 알 수 있다.

빛나는 졸업장을 타신 언니께
꽃다발을 한 아름 선사합니다
물려받은 책으로 공부를 하며
우리는 언니 뒤를 따르렵니다

초·중·고등학교 졸업식 때 부르는 이 노래는 수십 년 전에 윤석중이 작사하고, 정순철이 작곡한 졸업식 노래다. 가사 내용이나 곡이 요즘 시대에 맞지 않는 노래다.

1980년대까지만 해도 초등학교에서 교과서를 물려받기는 했다. 교육청에서 재활용해야 한다고 강요하기 때문에 어쩔 수 없이 새 교과서와 아이들한테 걷은 헌 교과서를 섞어서 나눠 주었다. 이렇게 강제로 하니 어린이들은 물려받은 교과서를 싫어했다.

제7차 교육과정이 들어선 2000년대에는 교과서에 글씨를 쓰고, 그림을 그리고, 오려서 붙이는 활동 중심 교과서로 바뀌면서 물려받아 쓸 수 없게 되었다. 그런데 아직도 졸업식 노래에서는 물려받은 책으로 공부하며 언니 뒤를 따르겠다고 부른다. 입학을 대표하는 노래도 그렇다. 예전에는 초등학교에 입학하면 '학교종이 땡땡땡 어서 모이자' 하는 '학교종' 노래를 불렀다.

1948년 초등학교 음악 교과서 편찬위원인 김메리가 초등학교 입학생 어린이들을 생각하면서 작사 작곡한 노래로 그 시대 풍경과 꿈이 잘 담겨 있다. 그러나 1980년대를 지나면서 초등학교에서도 학교종이 사라졌고, 전차와 학교종은 박물관에 가서나 볼 수 있게 되었다. 어린이들은 이 노래를 '학교종이 녹슬었다. 엿 바꿔 먹자. 선생님이 때리면 도망가야 해'로 바꿔 불렀고, 이젠 그런 우스개 노래마저 사라져 버렸다.

우리 겨레는 항일 투쟁기에 세계 어떤 나라보다 좋은 어린이 노래를 많이 만들었고, 많은 어른들도 동요를 함께 불렀다. 그런데 요즘 창작 동요는 교과서에서나 배우는 노래, 동요경연대회에서나 부르는 노래가 되어 버렸다. 또는 흘러간 옛 추억을 떠올리는 노래가 되어 버렸다. 그 빈자리는 섹시한(?) 유행가들이 차지하고 있다. 이런 유행가는 아이들 삶을 지키고 가꾸는데 도움이 될 턱이 없다. 이렇게 된 가장 큰 까닭은 우리 사회가 오직 돈만 벌면 된다는 욕망으로 치닫고 있기 때문이다.

1980년대 민주화 운동을 거치면서 태어난 새로운 동요는 방송과 언론에서 거의 다루지 않았다. 방송과 언론, 국가나 지방자치단체 지원을 받는 동요대회에서는 아직도 화석이 된 동요에만 매달리고 있다. 이런 가운데서도 고승하, 백창우 같은 어린이 노래 운동가들이 꿋꿋이 우리 시대에 맞는 새로운 어린이 노래를 만들어 알리고 있다. 그만큼 더 소중한 사람들이다.

우리 시대에 맞는 새로운 어린이 노래를 집에서, 학교에서, 마을에서 자주 들을 수 있고 부를 수 있는 세상이 되어야 하겠다. 온 식구가, 온 국민이 함께 즐겁게 부를 수 있는 새로운 어린이 노래가 많이 나와서 널리 퍼져 나갈 수 있는 길을 찾아야 한다. 교육과 언론과 정책이 그런 방향으로 움직일 수 있도록 어린이 문화 운동을 일으켜야 한다.

만화, 공공의 적이 되다

어린이 만화 이야기 1

만화는 그림과 글의 경계선에 있다. 바꿔서 말하면 만화는 미술과 문학을 포함하는 예술이다. 애니메이션이 발달하면서 만화는 영화와 음악을 비롯한 종합예술로 거듭나고 있다. 책은 읽지 않아도 만화책을 읽는 사람은 많다. 살기 바쁘다며 책을 보지 못하는 사람들 가운데서도 만화책을 읽는 사람은 있다. 그만큼 만화가 사람들 삶에 끼치는 영향이 다른 예술보다 더 크다고 볼 수 있다.

그런 만화를 우리 나라만큼 깔보고 업신여기는 나라가 또 있을까 싶다. 지금은 많이 좋아진 편이지만, 아직 만화라고 하면 '불량 만화'를 떠올리거나 예술이나 문화 영역에 끼워 주지 않으려는 풍토가 남아 있다.

만화가 처음부터 천대를 받은 건 아니다. 해방과 전쟁의 소용돌이 속에서 종이가 부족한 때에도 다른 책 못지않게 만화책을 출판했다. 1950년대 말에는 '광문당' 같은 만화 전문 출판사가 나왔고 〈만화세계〉를 비롯한 만화 전문 잡지들이 등장하였다. 그러면서 만화는 가난한 노동자와 어린 아이들한테 큰 영향을 끼치는 대중문화로 발돋움했다.

이때에는 고전이나 전쟁, 오락을 다룬 만화들이 많았으나《봉천의 밤은 깊어》,《라이파이》처럼 어린이 만화사에 길이 남을 뜻깊은 만화도 나왔다.《봉천의 밤은 깊어》는 방정환이 쓴 동화《칠칠단의 비밀》을 만화가 윤관영이 그린 것이다.《라이파이》는 김산호가 1959년부터 1962년까지 발표하여 32편이 나온 대작이다.《라이파이》는 독자들한테 엄청난 충격을 준 우리 나라 최초의 공상 과학 만화이다. 가슴에 'ㄹ' 자가 쓰인 녹색 옷을 입고, 멋진 색안경과 흰색 두건을 쓴 '정의의 사자 라이파이'는 독자들 손에 땀이 날 정도로 흥미진진했다. 요즘도 지구의 평화를 지키기 위해 불의와 부정에 맞서 목숨을 바쳐 싸우는 정의로운 녹색 전사를 기억하는 사람들을 만날 수 있다.

만화 하면, 불량 만화를 떠올리는 데에는 만화방 영향이 크다. 1958년 서울을 중심으로 생겨나기 시작한 만화방은 1960년대에는 온 나라로 퍼져 나갔다. 그러면서 출판사에서 정성을 쏟아 만들던 단행본 만화가 사라지기 시작했다. 그보다는 빠른 시간에 많은 만화책을 만들어 내는 만화제작소가 우후죽순처럼 늘었다. 만화제작소에서 만화를 그리는 사람은 정해진 일만 하는 만화 공장 노동자가 되었다. 칸만 치는 사람, 배경만 그리는 사람, 색칠만 하는 사람이 되었다. 만화가들은 시대에 앞장서는 예술가 정신 없이, 그저 상업주의에 쫓기는 단순 노동자가 되고 만 것이다.

만화제작소에서는 빠르게 많이 만드는 것이 목적이다 보니 일본이나 서양 만화를 따라하거나 똑같이 베껴 냈다. 문장이나 맞춤법은 거의 신경 쓰지 않고, 예술에서 벗어나 단순 기술이 되니 불량 만화가 넘쳐 났다. 거기다 가난한 사람들이 가난하게 운영하는 만화방은 환경이 좋지 않았기 때문에 비판이 일었지만, 만화 산업은 호황이었다. 그런 잘못된 호황이 불량 만화를 낳게 했다.

그런 가운데서도 신동우는 〈풍운아 홍길동〉 같은 뛰어난 만화를 그렸다. 신분 차별을 비롯한 잘못된 사회 제도에 맞서 싸우는 홍길동은 인기가 높아서 1965년 6월 25일부터 1969년까지 13000여 회나 〈소년조선일보〉에 연재했다. 1967년에는 신동우 형인 신동헌은 〈풍운아 홍길동〉으로 장편 만화영화 〈홍길동〉을 만들어 큰 성공을 거두기도 했다. 〈홍길동〉은 우리 나라에서 처음 만든 장편 만화영화로, 1970년에는 일본 아사히신문 '세계 인기 만화 10선'으로 뽑히기도 했다.

박정희는 1961년 5월 16일, 군사 반란을 일으켜서 국회를 해산하고 힘으로 정권을 장악했다. 그 뒤, 민선 대통령에 당선될 수 있었던 까닭 가운데 하나가 조직폭력배들을 마구잡이로 잡아들인 거였다. 억울하게 고통을 받은 사람들이 많았지만, 국민들은 박수를 보냈다. 박정희는 1972년 10월 17일 비상계엄령을 선포하고, 대통령 선거를 직접선거에서 간접선거로 바꿔서 12월 27일 대통령이 되었고, 유신 독재를 시작했다. 같은 날 북한 김일성은 헌법을 바꿔서 주석이 되었다. 1970년대는 남북이 모두 한사람과 그를 추종하는 집단 중심으로 독재를 강화하던 시기였다.

유신 독재 정권은 정권 안정을 위해 1960년대 조직폭력배 소탕처럼 국민들이 물리쳐야 할 적을 만들 필요가 있었다. 만화를 그 적의 하나로 선택했다. 1972년 겨울, 때마침 서울신설초등학교 6학년 어린이가 목을 매서 자살한 사건이 일어났다. 이 어린이는 죽기 전에 누나한테 "만화는 사람이 죽었다가도 살아나더라. 나도 한 번 죽었다 살아날 수 있는지 시험해 보고 싶다." 하는 말을 했다고 한다. 유신 정부는 《철인 삼국지》란 만화에서 죽었다 살아난 사람이 있다는 걸 꼬투리 잡았다.

정치권과 언론은 어린이 자살을 만화 탓으로 몰아서 일을 크게 만들었다. 이 어린이가 사는 집 둘레에 만화방이 백 개가 넘는다면서 만화와 만화가, 만화방을 공공의 적으로 만들기 시작했다. 마녀사냥이 시작된 것이다.

공무원들이 만화방마다 다니며 뒤졌고, 불량 만화라며 빼앗았다. 그렇게 뺏은 만화책을 모아 놓고 화형식을 하면서 궐기대회를 했다. 정부 기관과 사회단체가 앞장섰고, 학교에서는 아이들을 동원해서 경쟁하듯 궐기대회를 했다. 수많은 만화책을 쓰레기로 버리거나 불태웠다. 만화 출판사는 반 넘게 강제로 문을 닫았고, 만화가 69명은 재판을 받았다. 20세기에 일어난 어처구니없는 분서갱유 사건이었고, 예술 탄압이었고, 문화 독재였다.

그러나 가장 큰 잘못은 어린이들한테서 만화를 빼앗은 거다. 어린이 발달단계로 볼 때 어린이는 만화를 좋아할 수밖에 없다. 또 만화는 어린이가 마땅히 즐겨야 하는 문화이다. 그런데 어린이들한테 '절대로 만화방에 가지 않는다', '만화 볼 돈으로 저금을 한다' 같은 구호를 외치게 했다. 그래서 아이들은 어른들 몰래 숨어서 만화를 보며 죄의식을 느껴야 했다.

그런데 불량 만화라는 이름으로 만화를 싹쓸이하면서도 널리 보급한 만화가 있는데 바로 반공 만화다. 엄청나게 많은 반공 만화가 쏟아져 나왔는데, 1978년에 나온 〈똘이장군〉이 대표라고 할 수 있다. 반공 만화 특징은 전쟁 영웅을 주인공으로 내세워서 전쟁마다 무조건 통쾌하게 이기는 것이다. 또는 등장인물이 자기 목숨을 전쟁에 아낌없이 바치는 것이다.

이렇게 애국과 반공을 내세워서 어린이들한테 잔인한 장면을 여과 없이 보여주고, 관념에 치우친 두려움과 증오심을 심어주었다. 만화가들은 다른 만화를 그리면 자칫 불량 만화 작가로 찍힐 수 있으니까 반공 만화나 정부 시책에 잘 따르는 만화를 그리게 되었던 것이다.

이런 풍토가 10년을 넘게 이어졌는데, 1982년에 어린이 만화 잡지 〈보물섬〉이 나와서 좋은 만화를 실을 수 있는 숨통을 열어 주었다. 특히 김수정이 1983년 4월부터 〈보물섬〉에 연재를 시작한 〈아기 공룡 둘리〉는 여러 인종을 상징하는 아이들과 원시 자연을 상징하는 아기 공룡이 함께 어울려 자유와 모험을 즐긴다. 어린이들이 어른하고 다투고, 어른을 이기고 하는데 어른보다 더 사람답다. 너무나 통쾌한 반전이었다. 어린이 원래 마음과 모습을 되살려 낸 만화라고 할 수 있다.

어린이를 지키는 만화

어린이 만화 이야기 2

1980년대 이후 어린이 만화 역사를 보면 1952년에 창간하여 폐간되었다가 1978년에 복간한 어린이 잡지 〈새벗〉, 1982년 창간한 만화 전문 잡지 〈보물섬〉, 1993년에 창간한 〈점프〉, 2005년에 창간한 〈고래가 그랬어〉, 2007년에 창간한 〈개똥이네 놀이터〉가 큰 역할을 했다. 이들 잡지에 실렸던 눈길을 끄는 만화를 꼽으라면 〈아기 공룡 둘리〉, 〈머털 도사〉, 〈두근두근 탐험대〉라고 할 수 있다.

김수정의 작품 〈아기 공룡 둘리〉는 〈보물섬〉에 1983년부터 10년 동안 연재한 만화로 우리 어린이 만화 역사에 그 가치가 길이 남을 작품이다.

20세기 전반기에 태어난 대표 어린이 주인공은 '피터팬'을 꼽을 수 있고, 20세기 후반에 태어난 대표 어린이 주인공이라면 '말괄량이 삐삐'라고 할 수 있다. 나는 거기에 '아기 공룡 둘리'

를 보태고 싶다.

피터팬이 남성 중심주의와 전쟁을 지향하는 주인공이라면, 삐삐와 둘리는 양성주의와 어린이 해방을 지향하는 주인공들이다. 둘리는 먼 빙하기에서 현재로 온 외로운 남자아이다. 부천시에서 1993년에 만들어 준 둘리 주민등록증 번호가 '830422-1185600'이니 남자아이다. 그런데 보드라운 선이나 노는 모습을 보면 여자아이 같기도 하다. 삐삐가 남자아이 같은 말괄량이 여자아이라면, 둘리는 귀여운 여자아이 같은 장난꾸러기 남자아이다.

〈아기 공룡 둘리〉는 등장인물이 여러 색깔이고 재미있다. 둘리는 초록색 공룡, 도우너는 빨간 코에 노랑머리 외계인, 또치는 아프리카 타조, 젖꼭지를 물고 다니는 희동이는 고길동의 조카다. 가수를 꿈꾸는 마이콜은 흑인에 가깝다. 이 주인공들이 좌충우돌하면서 일으키는 사건들이 재미있으면서도 따스하다. 어른을 대표하는 고길동은 불청객인 도우너나 또치를 내쫓으려고 하지만 그때마다 오히려 아이들한테 당한다. 그때 시민단체 만화모니터 모임에서는 김수정과 대화 시간을 마련한 자리에서 이런 아이들이 버릇없다면서 비판해서 작가가 마음에 상처를 입기도 했다.

1980년대 군사 독재 정권은 민주 사회가 지향하는 다양성을 억압하던 시대다. 그런 권위주의 시대에 강자를 상징하는 어른이 약자를 상징하는 아이들한테 당하는 이야기는 그야말로 파격이다. 그러나 그보다 이야기들마다 아이들이 선택한 삶이 옳았다는 데 더 큰 의의가 있는 작품이다. 어린이가 '지금, 여기에서 행복하게 살 수 있는 길'이 무엇인가를 보여 주기 때문이다. 곧 이런 관점은 어린이가 어린이답게 살 수 있는 어린이 해방으로 나아가는 첫걸음이라고 할 수 있다.

〈아기 공룡 둘리〉는 1987년에 케이비에스(KBS) 텔레비전에서 방영하면서 널리 알려졌다. 김수정은 '둘리'를 좀 더 적극 알리기 위해 1995년에 주식회사 '둘리나라'를 설립하고, 1996년에는 장편 영화로 〈아기 공룡 둘리 얼음별 대모험〉을 만들어 큰 사랑을 받았다. 1999년에는 독일을 비롯해 여러 나라로 보급되기 시작했다. 2008년에는 에스비에스(SBS)에서 새롭게 만들어 인기를 끌었다. 그리고 요즘 둘리나라에서는 극장판 만화영화로 다시 만들고 있다.

이두호의 작품 〈머털 도사〉는 〈새벗〉에 1984년부터 연재했던 〈도사님 도사님 우리 도사님〉을 엠비시(MBC)에서 1989년에 애니메이션으로 만들어 방영하면서 붙인 이름이다. 1990년에는 〈머털 도사와 108 요괴〉, 〈머털 도사와 또매〉를 만들었다. 2012년에는 에스비에스(SBS)에서 〈다시 돌아온 머털 도사〉를 26부작으로 만들어서 2013년까지 방영해서 어린이들한테 인기를 끌었다. 주인공은 이두호 만화 특성에 맞게 헐렁한 바지저고리를 입었다. 조금 미련하고 공부하기를 죽기보다 싫어한 주인공이 도술을 배우는 과정이나 어렵게 배운 도술로 약한 사람들 편에서 마을의 평화를 지키는 활동이 웃음을 준다.

김홍모의 작품 〈두근두근 탐험대〉는 〈개똥이네 놀이터〉에 2007년부터 2009년까지 연재한 만화다. 2012년에는 보리 출판사에서 모두 다섯 권의 책으로 펴냈다. 어린이 마음이 두근두근하며 뛰놀 수 있게 해 주는 재미를 주는 만화다. 어른도 우리 사회가 어떻게 나아가야 할지 생각하며 볼 수 있다. 어린이한테는 즐거운 상상 속에서 뛰놀게 하면서 생각하는 힘을 키워 주고, 어른한테는 현실 문제를 다시 보면서 아이와 함께 어떻게 살아야 하는지 생각해 보게 한다.

주인공 '동동이, 소희, 수우, 철이, 깍두기' 다섯 명은 환상의 세계로 들어가 평화로운 삶을 위협하는 어두운 힘에 맞선다. 이야기가 앞으로 나아가면서 다섯 어린이가 물리쳐야 하는 어둠의 힘은 환상세계가 아니라 바로 지금의 현실 세계라는 걸 보여 준다. 이것은 어린이들이 어른들이 만들어 놓은 잘못된 현실에 맞서기를 바라는 작가정신이 살아 있는 작품이다.

〈두근두근 탐험대〉는 얼굴 모양과 살색이 다르다고 미워하고 따돌리는 현실을 보여 주면서 자기 색깔을 소중히 여기며 어우러져 함께 살아가는 아름다운 세상을 제시한다. 동무들을 짓밟으면서 오직 나 혼자 잘살겠다는 경쟁을 부추기는 현실을 넘어서야 한다고 말하고 있다. 서로 도와 가면서 살아가는 세상, 어린이 마음을 지키면서 살 수 있는 세상, 어른들이 어린이 마음을 되찾아 진실하고 평화로운 세상을 지켜 가기를 간절히 바라는 만화책이다.

　조금만 살펴보면 좋은 만화가 꽤 있는데, 아직 우리 사회는 만화를 좋지 않은 문화 매체로만 생각하는 편견이 있다. 1970년대 마녀사냥식 불량 만화 추방에서 완전하게 벗어나지 못한 점도 있고, 2000년대 뒤로는 지식을 거칠게 나열하는 학습만화가 너무 많이 나왔기 때문이기도 하다. 어린이 만화가 지식 학습의 도구로 전락한 것이다. 어린이 만화가 발전하려면 투철한 작가 의식이 우선되어야 한다. 오늘을 살아가는 어린이한테 즐거움을 주고, 어린이 마음을 지켜 주고, 어린이 마음에 평화의 씨앗을 심어 주는 만화여야 한다. 어린이와 어른이 함께 웃고 즐기며 재미있게 읽는 가운데 새로운 세상을 여는 힘과 슬기를 키워 주는 만화를 창작하는 길로 나가야 한다.

> 어린이 문학은 어린이 모습을 그리는 문학이다. 어린이들이 세상을 살아가면서 무엇을 어떻게 보고 느끼고 생각하고 행동해야 할 것인가를, 뚜렷한 어린이의 삶으로 보여 주는 문학이다. 그렇지 않고는 어린이 문학이라고 할 수 없다. 어떤 어린이 문학 작품도 어린이 세계를 그린 것이고 보면, 작품 속에는 작가가 바라는 그 시대의 어린이 모습이 새겨져 있는 것이다.
>
> － 이오덕, 《삶 문학 교육》, 고인돌

　이오덕이 말한 이런 작가 의식은 어린이 만화를 그리는 만화가들한테도 똑같이 들어맞아야 한다. 어린이 문학을 어린이 만화로 바꿔서 읽어 보면 우리 어린이 만화가 나갈 길이 무엇인지 새겨볼 수 있다. 21세기에는 어린이와 어른이 함께 즐길 수 있는 만화, 지구촌 어린이 삶을 지키고 평화를 가꾸는 좋은 만화가 더 많이 나오기를 기대한다.

어린이책 전문서점을 되살려야 한다

지역 어린이 운동과 함께하자

2000년대 들어서면서 어린이 문화 운동을 하는 단체들이 많아졌다. 서울을 중심으로 한 활동에서 벗어나 지역에서 활동하는 어린이 문화 운동 단체나 활동가도 늘어났다. 공공 도서관과 학교 도서관이 많아졌고, 작은도서관도 많아졌다. 그런데 1990년대에 빠른 속도로 퍼지던 어린이책 전문서점은 줄어들고 있다. 2000년 전후로 200여 가까이 있던 어린이책 전문서점이 지금은 40여 곳 남아 있고, 모두 어렵게 버티고 있다.

내가 쓴 《어린이 책을 읽는 어른》은 1994년 웅진출판사에서 나왔다. 그때 나는 전교조 만드는 일을 하다가 교사직에서 쫓겨나고, 어린이도서연구회 사무국장을 맡고 있었다. 어린이도서연구회에서는 어린이책을 연구하는 분과와 지역에 동화읽는어른모임 만드는 일을 추진했다. 연구 분과는 10여 개로 늘었고, 10여 곳 지역에서 동화읽는어른모임을 만들어서 활동을 시작할 때였다.

문민정부가 들어서면서 전교조 활동으로 해직된 교사를 복직시키는 논의가 시작되었고, 특별복직하는 것으로 마무리되었다. 특별복직이란, 말 그대로 특별히 봐줘서 복직시킨다는 거였다. 우리가 요구하던 원상복직과는 전혀 다른 것이다. 원상복직은 교사가 노동조합을 만들었다고 징계를 한 것이 잘못이므로 해임되었던 동안을 경력으로 인정하고, 그 사이 받지 못한 급여를 보상받는 것이다. 특별복직은 징계 내용만 대통령이 사면을 하고, 교사로 채용을 다시 하는 것이다. 따라서 해임되었던 동안을 경력으로 인정받지 못해 급여를 받지 못한다. 이 때문에 특별복직으로 마무리한 전교조 집행부에 대하여 비판이 있었고, 해직 교사 가운데는 특별복직을 하지 않은 사람도 있었다.

나는 특별복직이라도 해야 한다고 생각했다. 다시 아이들에게 돌아가야 한다는 것이 가장 큰 까닭이었고, 다른 건 그 다음에 다시 해결할 문제라고 생각했다. 집행부가 그런 결정을 한 것은 5년 가까운 해직 교사 생활을 더 이상 버티기 어려워한 교사들이 많은 까닭도 있었다. 그런 집행부의 고민을 감싸야 한다고 생각했다.

고민 끝에 특별복직을 했지만, 이제 막 싹트기 시작한 동화읽는어른모임이 걱정이 되었다. 그래서 왜 동화읽는어른모임을 만들어야 하고, 어떤 기준에서 책을 선정해야 하는지, 마을에 어린이 문화를 가꾸기 위해 어떤 일을 하면 좋은지 글을 써서 책으로 내야겠다고 생각했다. 그래서 급히 낸 책이 《어린이 책을 읽는 어른》이었다. 그 책은 어린이도서연구회 회원이나 어린이 문화 운동에 관심 있는 사람들이 꾸준히 읽었다. 20쇄 가까이 찍다가 2007년 무렵에 판매 부수가 떨어진다고 절판했다. 책 내용이 1990년대 초기를 바탕으로 썼기 때문에 2000년대 형편하고 다른 점도 있어서 비판하는 의견이 나오는 것도 한 까닭이었을 것이다. 출판사에서 고쳐 달라고 해서 서너 차례 고치기도 했는데, 알아 둘 필요가 있는 초기 상황은 고집을 부려 고치지 않았다.

그 책에 지역에서 어린이 문화를 가꾸기 위해 해야 할 몇 가지 생각을 밝혔다. 첫째는 지역마다 동화읽는어른모임 만들기다. 둘째는 동화읽는어른모임을 바탕으로 '어린이책 사랑방' 만들기다. 어린이책 사랑방은 어린이와 어른들이 함께 어린이책을 읽고, 책 문화를 창조해 나가는 작은 공간이다. 집, 식당, 병원, 교회, 학교, 동사무소, 상가 모퉁이, 아파트 귀퉁이, 경로당, 회사 건물 어디라도 좋으니 작은 어린이 도서관을 만들자고 했다. 책을 읽고 마을에 어린이 도서관을 만들었으니 축하 인사를 해 달라고 해서 여러 곳에 다녀오기도 했다.

셋째는 '어린이책 전문서점' 만들기다. 그때 이미 '초방'이라는 어린이책 전문서점이 있었다. 어린이도서연구회 회원 교육을 받았던 신경숙 씨가 미국에서 유학할 때 본 도서관에 충격을 받고 돌아와 자기 집 일 층을 어린이책 전문서점으로 만들었다.

일산에 있는 '알모' 서점. 아이들이 서점에서 자유롭게 책을 고르고 있다.

어린이도서연구회에서 추천하는 책을 전시하고 판매했다. 어떤 책을 골라도 좋은 책이고, 자유롭고 즐겁게 책문화를 체험할 수 있는 공간이 어린이책 전문서점이다. 아이들이 눈으로 보고, 손으로 만지고 느끼면서 책을 사는 경험을 할 수 있는 문화 공간이 있다는 건 너무 소중하다. 이 사례를 소개하면서 어린이책 전문서점이 동네마다 생기면 좋겠다고 글을 썼다. 이 글을 읽은 사람들이 곳곳에서 어린이책 전문서점을 만들기 시작했고, 1990년대 말에 어린이책 출판 시장을 넓히는 데 힘을 실어 주었다.

마지막으로 권장한 것이 '마을 어린이 문화원'이다. 도서관 개념을 좀 더 넓혀서 어린이들이 책과 함께 놀기도 하고, 노래도 하고, 시도 읽고, 연극도 하고, 영화도 보고, 책 이야기를 하고 부산에 있는 '책과 아이들' 서점은 전시 공간을 갖추고 그림책 원화 전시를 하기도 한다.

토론회도 하는 곳이다. 창조활동을 하고 우수한 예술 공연을 볼
수 있는 어린이 종합 문화 공간이 있어야 한다는 생각이었다.

책에서 제안한 동화읽는어른모임과 어린이책 사랑방(마을 작
은 도서관)은 늘어나고 있고, 어린이 종합 문화 공간에 대해서는
정책 연구 발표나 토론회도 열리면서 관심이 높아지고 있다. 그
런데 어린이책 전문서점은 줄어들고 있다. 그 까닭을 인터넷 서
점이 늘어나기 때문이라고 보는 사람이 많다. 인터넷 서점에서
사면 편하고, 값도 깎아 준다. 또 서울의 큰 서점이 경쟁하듯이
지역에 분점을 낸 것도 영향이 크다고 한다. 맞는 말이다. 동네
서점이 쓰러지고, 지역에서 역사와 전통을 자랑하던 지역 큰 서
점들까지 쓰러지니까.

1993년에 문을 연 광명에 있는 '동원' 서점은 어려운 여건 속에서도 변함없이 자리를 지키고 있다.

그러나 어린이책 전문서점이 줄어든 더 큰 까닭이 있다. 어린이 문화 운동이라는 초기 정신을 잃었기 때문이다.

지역에서 좋은 책을 골라서 전시하고, 여러 책문화 활동이 이루어지도록 뒷받침해 준 사람들이 지역 동화읽는어른모임이었다. 그런데 전문서점들이 영업이 어렵다 보니까 도서 선정을 엄밀하게 하지 못하고, 동화읽는어른모임과 함께하는 힘이 약해졌다. 좋은 책을 선정하고, 어린이 문화 활동을 하기 위해서는 어린이책을 깊이 읽은 사람들이 함께해야 한다.

지금 어려운 가운데서도 꾸준하게 운영하고 있는 일산에 있는 '알모', 부산에 있는 '책과 아이들', 광명에 있는 '동원'을 비롯한 몇 군데 서점을 보면 그런 기운이 느껴진다. 어린이책 전문서점은 어린이들이 책을 오감으로 체험하고 살 수 있는 곳이다. 인터넷 서점과 할인 서점이 주도하는 출판 시장 구조 때문에 독자들 손에 가기도 전에 사라지는 좋은 책을 살려 낼 수 있는 유일한 통로다.

출판 유통 구조가 이대로 간다면 겉치레 꾸미기로 교묘하게 팔리는 상업주의 책만 판치게 된다. 우리 아이들 마음에 빛이 될 좋은 책은 아예 태어날 기회조차 갖지 못하게 될 것이다. 이런 비극을 막기 위해 어린이책 전문서점을 지역에서 다시 살려내야 한다. 그러기 위해서는 어린이 문화 운동에 관심이 있는 사람들이 관심과 애정을 갖고 돌아봐야 한다.

어린이책 전문서점이 많아지면 좋은 독자들이 유통 시장을 이끌어갈 수 있다. 최소한 좋은 어린이책을 만나고 싶고, 좋은 어린이 문화를 만들고 싶어 하는 사람들끼리 유통 구조라도 지킬 수 있을 것이다.

아이들을 살려야 한다

이오덕 선생님의 마지막 시 '아이들이 없다'를 읽고

    작은 꽃이 아름답다는 말처럼 어린이 문화 운동을 하는 사람들이 곳곳에서 피워 낸 작은 일들은 이름도 모르는 들꽃처럼 어여쁘다. 그런 꽃을 피울 수 있는 씨앗을 틔워 주고, 어린이 운동이 나갈 방향을 가르쳐 주고, 그 길을 열어 준 사람으로 이오덕을 빼놓을 수 없다.

    우리 아이들 삶을 가꾸기 위해 평생 온 힘을 다한 이오덕이 말년에 쓴 시 '아이들이 없다'는 우리 가슴을 아프게 한다. 2003년 8월 25일 새벽에 돌아가신 이오덕은 공책에 차례로 시를 써 놓았다. '아이들이 없다'는 날짜는 없지만 공책에 써 놓은 차례로 보아 돌아가시기 얼마 전에 쓴 시다. '아이들이 없다' 바로 앞에 쓴 시는 6월에 썼다고 적혀 있고, '아이들이 없다' 바로 뒤에 있는 시는 마지막 시로, 2003년 8월 16일이라고 적혀 있다.

    '아이들이 없다'는 아이들을 살리고 싶은 이오덕의 마지막 절

규로 봐도 되고, 유언으로도 볼 수 있는 시다. 그래서 좀 길지만
시 전체를 옮겨 본다.

아이들이 없다 들에도 산에도
마을 놀이터에도 애들이 없다.
아이들이 어디 갔나? 쓰레기 강산 삼천리
아이들이 다 쓰레기로 묻혔나?

아이들은 죽었다 아이들은 모조리 죽어
비참한 짐승으로 되어버렸다.
흉내만 내는 동물로 되어버렸다.
소리도 못 내게 울대가 잘라지고
이빨 발톱이 다 뽑히고
우리 속에 갇혀 똥오줌을 질질 싸면서
입에 달콤살살 녹아 그냥 꿀떡 삼키면 그만인
살찌는 먹이 알 잘 낳는 먹이
무럭무럭 키 크는 먹이만 주는 대로 받아먹는
끔찍한 짐승들!

아이들을 살려내야 한다. 쇠창살에 갇힌
아이들을 풀어놓아야 한다.
아침부터 밤까지 공부 공부 숨 막히는 공부에 잠도 못 자고

폭력에 움츠리고 '사랑의 매'에 쫓겨 교실에도 집에도
골목에도 거리에도 숨 쉴 하늘은 없는데
굿모닝, 티처 라이첼!
세 살짜리 아이가 깜찍한 영어 인사를 한다는
학원이야기가 신문에 나면
너도 나도 내 새끼 미국 아이 만들고 싶어 환장한
어머니들의 나라

이 나라에 사람이 있는가?
아직도 이 나라에 사람이 있다면
아이들을 살려야 한다.
그들을 가두어 놓은 쇠창살 우리를 헐어
풀어놓아 사람의 자식으로 돌아오게 해야 한다.
아이들을 살리는 길은 오직 이것뿐!
아이들이 사라지고 쓰레기만 쌓인 강산
이 강산에 아직도 사람이 있다면
단 열 사람이라도 있다면
죽어가는 나라가 다시 살아날 텐데!

아이들에게 흙을 밟게 해야 한다.
푸른 하늘을 쳐다보게 해야 한다.
풀과 나무처럼 숨 쉬게 해야 한다.

아이들을 들과 산으로, 푸른 하늘 푸른 들로 보내어

풀처럼 나무처럼 자라게 해야 한다.

– 이오덕, 《이 지구에 사람이 없다면 얼마나 얼마나 아름다운 지구가 될까?》, 고인돌

이오덕은 우리 나라에 '아이들이 없다'고 했다. 아이들을 모두 쓰레기 더미에 묻어 버리고, 비참한 짐승으로 만들어 버렸다는 것이다. 미국 아이로 만들고 있다고 했다. 그래서 금수강산이 땅에서 아이들은 사라지고 쓰레기만 쌓이고 있다고 보았다. 수단과 방법을 가리지 않고 오직 살아남으라는 무한경쟁에 아이들이 내몰리고 있다고 한다. 무한경쟁 사회에서는 승자든, 패자든 모두 패자가 될 수밖에 없다. 사람이 되기를 포기하고 괴물이 되는 사회가 될 수밖에 없다. 그러니 우리의 10대 아이들이 죽는 까닭 1위가 자살인 것이다.

학교 밖으로 내몰린 중·고등학생들은 또 다른 생존경쟁에 시달리고 있다. 사회에서는 이 아이들을 어떻게 살릴 것인가보다는 '학교 밖 7만 가출 중퇴생, 학교 폭력 진원지', '경찰, 일진 완전히 와해시키겠다' 하면서 국가 공권력을 동원해서 아이들을 대상으로 전쟁을 치르려고 한다. 그러니 '대책 쏟아져도 학교 폭력 더 늘었다!' 같은 기사 제목이 끊이지 않을 수밖에 없다.

옛말에 '자식 이기는 부모 없다'고 했는데, 나라도 마찬가지다. 어른들이 아이들을 이기면, 아이들은 사라질 수밖에 없고, 아이들이 사라진 나라는 미래가 없다. 잘 알려진 독일 민담 '피

리 부는 사나이'에서 아이들을 피리 부는 사나이에게 빼앗긴 도시에 미래가 없었듯이 말이다. 학교 안에 남아 있는 아이들도 사람다운 마음이 사라진 채 자라고 있다.

시 마지막 연에는 아이들을 살리는 방법이 밝혀져 있다. 그리고 이 강산에 사람이 단 열 명이라도 남아 있다면 죽어가는 아이들을 살릴 수 있고, 죽어 가는 나라를 살릴 수 있다고 했다. 하느님이 사람다운 사람 단 열 명만 있어도 소돔과 고모라를 멸망시키지 않겠다고 한 성경 '소돔과 고모라' 이야기를 은유한 말이다.

지금 사회가 돌아가는 모습을 보면 절망했다가도, 아직 멸망하지 않은 까닭은, 하느님이 보기에, 우리 나라에 의인이 열 명은 넘게 있기 때문이라고 본다.

나는 어린이 삶을 가꾸는 일을 하는 사람들도 그 열 명 가운데 한 사람이라고 생각한다. 그래서 서로 손을 잡아 우리 아이들을 다시 살려 낼 수 있고, 사람다운 삶을 살 수 있는 사회를 만들 수 있는 희망이 있다. 그러니 절망하거나 좌절하지 말고 다시 일어나 앞으로 나가자!

어린이 운동을 되살릴 꿈
진짜 잘 사는 것이 무엇인지?

1970년대에는 아침마다 잠을 깨우는 노래가 있었다. '새벽종이 울렸네'로 시작하는 '새마을 노래'와 '잘 살아 보세 잘 살아 보세 우리도 한번 잘 살아 보세'로 시작하는 '잘 살아 보세'라는 노래다. 날마다 라디오에서도 나오고, 텔레비전에서도 나왔다. 마을 확성기에서도 나오고, 학교 방송으로도 나왔다. 아침마다 그 노래를 들어야 했다. 그렇게 새벽부터 열심히 일하면 잘 살 수 있다고 했다.

그런데 무엇이 잘 사는 것인지에 대한 생각이 없었다. 생각은 없고 그냥 무턱대고 잘 살아 보자고 했다. 기껏 생각한 것이 집집마다 자가용을 갖는 부자가 되는 거였다. 지금 우리는 집집마다 자가용이 있고, 자가용은 거리가 미어터지게 돌아다닌다. 그런데 진짜 잘 사는 나라가 된 게 맞는가?

경북 구미에서는 이름도 낯선 불산가스가 마을을 덮치고, 전남 영광에서는 원자력발전소가 자꾸 고장이 나서 불안하게 한다. 원자력발전소를 멈추지 않으면 언젠가는 우리도 체르노빌이나 후쿠시마에서 일어났던 원자력발전소 사고를 겪을 수밖에 없다. 불산가스 같은 공업용 독가스나 원자력발전소에서 생산하는 전기는 지금과 같은 '잘 살아 보세'를 추구하는 이상 줄이거나 멈출 수 없다. 끔찍한 일이다.

어린이를 대상으로 하는 성범죄가 해마다 가파르게 늘어나 요즘은 하루에도 대여섯 건이 일어난다고 한다. 그런데 100만에 가까운 아이들이 홀로 방치되어 있다. 아이들이 날마다 스스로 목숨을 버리는데, 학교는 1년에 6, 7만 명을 밖으로 내쫓는다. 학교 안에 있는 아이들이라고 행복할 리가 없다. 아이를 낳아 기르기가 무섭고 힘드니 출산율은 세계에서 꼴찌가 되었다. 아이들이 없어진다는 건 미래가 없어지는 것이다.

'철학 없는 정치, 도덕 없는 경제, 노동 없는 부, 인격 없는 교육, 인간성 없는 과학, 윤리 없는 쾌락, 헌신 없는 종교'라는 말은 나라를 망하게 하는 일곱 가지 악덕이다. 지금 우리 나라 어른들이 만들어 놓은 세상이 꼭 이 꼴이다. 그 시작이 바로 1970년대에 아침부터 저녁까지 세 살 아이부터 팔순 어르신들까지 따라 불렀던 노래부터였다. 이제 우리는 그 노래에서 벗어나야 한다.

'우리도 한번 잘 살아 보세'가 아니라 '우리도 진짜 잘 살아 보세'로 바꾸어야 한다. 그것도 개념이 아니라 구체로 표현해야 한다. 이오덕은 개념보다 먼저 구체로 가르쳐야 한다고 했다. 곧 '우리도 진짜 잘 살아 보세'라는 노랫말 대신에 진짜 잘 사는 참된 삶이 어떤 것인지를 구체로 보여 주는 노랫말이어야 한다. 그런 마음이 어떤 마음이고, 그렇게 세상을 보려면 어떤 눈으로 보아야 하고, 어떻게 몸을 움직여야 하는지를 노랫말로 담아내야 하는 것이다.

> 꽃은 참 예쁘다
> 풀꽃도 예쁘다
> 이 꽃 저 꽃
> 예쁘지 않은 꽃은 없다
>
> – 마암분교 아이들, 《예쁘지 않는 꽃은 없다》, 보리

섬진강 시인 김용택 선생이 가르친 마암분교 이창희 어린이가 쓴 시에 백창우 선생이 곡을 붙여 노래를 만들었다. 이런 노래가 바로 '잘 살다'라는 뜻이 무엇인지를 구체로 보여 주는 거다. 백창우 선생이 만든 수많은 노래들은 바로 이런 마음과 눈과 행동을 담아낸 노래다. 이런 노래를 세 살 아이부터 팔순 어르신들까지 즐겨 흥얼대는 세상이 되면, 우리 나라가 정말 잘 사는 세상이 될 거라고 생각한다. 사람이 사람답게 살 수 있는 행복한 세상이 될 수 있다고 믿는다.

이렇게 어린이와 어른이 함께 좋은 어린이 노래를 부르면서

사는 세상을 만들려면 그 바탕이 되는 마을 문화를 바꾸어야 한다. 그 틀을 바꾸는 방법으로 어린이 문화 협동조합을 제안하였다. 마을마다 어린이와 어른이 민주주의 원칙에 따라 함께 만들고 꾸려 가는 어린이 문화 협동조합을 만들고, 그 협동조합에서 어린이와 어른들이 같이 놀고 노래하며 살면 좋겠다. 이름이 꼭 어린이 문화 협동조합이어야 한다는 건 아니다. 그런 생각을 담아서 어린이와 어른이 함께 평등한 권리를 갖고 운영하는 협동조합을 말한다.

마을 어린이 문화 협동조합을 중심으로 어린이와 어른이 다 함께 불러도 좋은 노래를 부르고, 어린이와 할머니, 할아버지들이 같이 공기놀이나 딱지치기를 하고, 할머니들이 젊은이들한테 손바느질을 가르쳐 주고, 그걸 또 아이들이 따라할 시간을 주고, 그렇게 만든 물건을 협동조합에서 팔고, 아파트 옥상이나 마을 귀퉁이에 작은 텃밭을 같이 가꾸며, '예쁘지 않은 꽃은 없다' 같은 노래를 흥얼거릴 수 있다면, 그게 정말 어린이와 어른이 함께 행복하게 잘 사는 세상이 아닐까?

어린이와 어른이 함께 잘 살려면 어린이가 어른을 따라 하는 게 아니라 어른이 어린이를 따라 해야 한다. 어린이가 신나게 노는 걸 따라서 같이 즐겁게 놀아야 한다. 마치 부모가 아이 때문에 희생하는 마음으로 놀아 주려고 애써서는 안 된다. 그냥 즐겁게 같이 놀아야 한다. 같이 노는 데 빠지면 서로 티격태격하기도 한다. 놀이라는 게 원래 서로 자기 주장을 내세우다 티격태격하기도 하고, 서로 놀아야 하니까 다시 마음을 맞춰 가면서 노는 거다. 어린이가 쉽고 즐겁게 부를 수 있는 노래를 어른들이 같이 불러야 한다. 그리고 어린이들이 읽는 책을 어른들이 함께 읽어야 하고, 어린이들이 보는 연극이나 영화를 어른들이 함께 즐겨야 한다.

　이런 어린이 문화 운동이 다시 일어나야 우리 미래에 희망이 있다. 그러려면 어린이 문화 정책이 필요하다. 그래서 국가와 지방자치단체가 정책을 세우고, 국민들이 스스로 움직일 수 있도록 지원해야 진짜 잘 사는 세상을 만들 수 있다. 이런 관점에서 어린이 놀이와 노래, 책과 독서 문화, 연극과 영화를 비롯한 여러 가지 공연예술을 종합해서 연구하여, 사람들이 널리 누릴 수 있도록 해야 한다. 실제 추진할 수 있는 여건을 갖추기 위한 방법으로는 송인현이 구상하는 어린이 문화예술 복합공간이나 백창우가 꿈꾸는 어린이 노래 마을, 조월례가 바라는 어린이 문학관이나 어린이책 박물관도 좋다. 어린이 문화 협동조합을 구체화시켜 나갈 수 있는 어린이 문화재단 설립도 필요하겠다.

　그러나 가장 먼저 필요한 것은 어린이 운동을 되살려 낼 꿈이 필요하다. 그리고 그 꿈을 함께 꾸고 싶은 사람들이 있어야 한다. 이제 그만한 때가 온 것이 아닐까? 아니 더 이상 미뤄서는 안 될 막다른 세상에 다다른 게 아닐까?

지키지 못 하면 탈퇴를 선언하라

실천하지 못 하는 '어린이 국제 권리 협약'

'어린이 국제 권리 협약'은 현재 약 200여 나라에서 비준했다. 어린이 권리가 무엇이며, 어떠해야 한다는 것을 정한 국제 기준이라고 할 수 있다. 1989년 국제연합 총회에서 만장일치로 채택한 조약으로, 1990년 9월 2일에 국제법으로 발표되었다. 우리 나라는 1991년 11월 20일에 이 협약에 비준했다. 모두 3부 54조로 되어 있는데, 거기 있는 내용 반만 지켜도 어린이 인권이 어느 정도는 지켜질 것이다.

이 협약은 국제연합에서 그냥 우연히 만든 것이 아니다. 국제 어린이 운동가들이 이룬 성과이다. 어린이를 위한 국제 협약은 1924년 국제연맹 총회에서 채택한 '어린이 권리 제네바 선언'에서 시작됐다. 5개 조항으로 인류의 희망인 어린이를 보호해야 한다는 내용으로 되어 있다. 1959년 국제연합에서 채택한 '어린이 인권 선언'은 어린이 보호에서 어린이 인권 개념을 넣은 국제 협약이다. 10개 항목으로 구성된 어린이 인권 선언은 어린이가 스스로 권리를 갖는 주인인 인권을 가진 주체로 인정하는 선언이다. 그 20주년에 국제연합은 1979년을 '세계 어린이 해'로 선언했고, 1989년에는 '어린이 국제 권리 협약'을 만들어냈다.

우리 나라에서는 이 국제법을 '아동의 권리에 관한 국제 협약'(International Convention on the Rights of the Child)이라고 번역하였다. 그러나 이오덕은 협약 제목과 내용을 이렇게 번역하면 어린이가 알기 어렵다고 비판하면서 알기 쉽게 다듬었다. 협약 제42조에도 '협약을 비준한 나라는 이 협약의 원칙과 규정을 알맞고 적극적으로 모든 어른들과 아이들에게 알릴 의무가 있다.'고 했다. 이오덕은 《우리 말로 살려놓은 민주주의》 책에서 협약 이름을 '어린이 국제 권리 협약'으로 다듬어 놓았다. 아동을 어린이로 바꾼 까닭은 '어린이'라는 말이 어린이 운동 정신에 더 알맞기 때문이다.

어린이 국제 권리 협약은 모든 어린이와 어른에게 널리 알려야 하지만 정부는 그렇게 하지 않는다. 마치 많은 사람들이 모르기를 바라는 것 같다. 그래서 20년이 지났는데도 이런 국제 협약이 있는지조차 모르는 사람이 많다. 민주주의와 어린이 삶에 관심이 있는 사람이라면 이 국제 협약을 잘 알아야 한다. 그래야 우리 나라 어린이들 삶이 이 국제 협약 정신이나 기준에 얼마나 들어맞는지 견주어 보고, 모자란 부분을 이행하라고 정부와 국제연합에 요구할 수 있기 때문이다.

중국 연길에 탈북 어린이들 생활 실태 조사를 갔을 때 아이들이 자유롭게 학교에 가지 못하고 있었다. 그런데 우리 나라로 돌아와 보니 이주 노동자 자녀들도 자유롭게 학교를 다니지 못하고 있었다. 이는 어린이 국제 권리 협약 제2조 1항을 어긴 것이다. 그 항목은 아래와 같다.

'협약을 한 나라는 자기 나라 관할권 안에서 부모의 인종·피부색·성별·말·종교·정치나 그 밖의 의견·민족·인종·사회 계층·출신·재산·출생이나 그 밖의 신분에 관계없이, 그리고 어떠한 종류의 차별도 하지 않도록 이 협약에 규정된 권리를 존중하고 아이마다 보장해야 한다.'

나는 이 조항을 근거로 이주 노동자 자녀들은 교육 받을 권리가 있고, 나라는 교육할 의무가 있다고 계속 요구하였다. 그 결과 학교에 다닐 수 있는 권리를 누릴 수 있게 되었다. 이주민과 불법 체류 노동자 자녀들은 이 협약에 근거하여 보호 받고 교육 받을 권리를 요구할 수 있다.

물론 우리 나라 정부는 이 협약을 준수할 의지도 없고 국내법이 여기에 미치지 못하거나 위배되는 것들이 많다. 제13조 1항을 살펴보자.

'어린이는 표현하는 자유를 갖는다. 이 권리는 입으로 말하기, 글쓰기, 또는 인쇄, 예술의 형태, 또는 아이가 골라 낸 그 밖의 방법으로, 모든 종류의 정보와 사상을 국경에 관계없이 찾고 받아들이며 알려 주는 자유를 포함한다.'

하지만 어림없는 일이다. 아이들이 촛불 집회에 참여했다고 온갖 위협을 하는 문제는 둘째다. 아이들은 학교에서 자기 마음이나 생각을 표현하는 자유조차 없는 형편이다. 집에서는 그런 자유가 있는지 묻고 싶다. 집에서도 우리 아이들은 표현의 자유를 억눌린다. 학원에 가고 싶다는 표현의 자유는 있어도, 학원에 가고 싶지 않다는 표현의 자유가 없는 가정은 결코 표현의 자유가 있다고 말할 수 없다.

제38조 2항에는 '협약한 나라는 15세가 되지 않은 아이가 적대 행위에 직접 참가하지 않을 것을 보장하기 위해, 할 수 있는 모든 조처를 하도록 한다.'고 되어 있다. 곧 15세 미만인 아이한테 무기를 들게 하거나 전투에 참가시키면 안 된다. 이 조항 때문에 협약을 완성하는 데 오랫동안 진통을 겪었다고 한다. 협약을 준비하는 쪽에서는 18세 미만으로 하려고 했는데, 반대하는 나라가 많았다고 한다. 이상하게 선진국이라는 나라에서 더 많이 반대했다고 한다.

얼마 전에 전북 진안에 있는 어떤 초등학교에서 안보 교육을 한다면서 초등학생한테 무기를 다루는 법을 가르치고, 모형 총으로 사격 연습을 시켰다. 이 기사를 본 전북 참교육학부모회에서 항의하는 성명서를 냈는데, 아직도 교육부나 교육청에서 어떤 징계를 했다는 소식이 없다. 한 신문에서는 '학교 교장이 안보 교육을 한 건데 무슨 잘못이냐'는 반응을 보였다는 기사를 읽었다. 이게 우리 교육 현실이고, 교육자들 의식 수준이다. 참으로 기가 막힐 노릇이다.

이제 우리는 더 강력하게 요구해야 한다. 우리 나라 정부가 비준한 '어린이 국제 권리 협약'을 모든 어린이와 어른들이 잘 알 수 있도록 널리 알리라고 말이다. 그리고 협약 내용에 맞게 국내 어린이 관련 법을 고치고, 협약 내용을 충실하게 지키라고 요구해야 한다. 지키지 못하겠으면 이제라도 탈퇴 선언을 하라고 해야 한다. 아니면 대한민국은 어린이 국제 권리 협약을 지킬 마음이 없으니 국제연합 협약 조인 국가 명단에서 이름을 빼 달라고 요구해야 한다.

기억해야 할 2012년 선언들

책 읽는 문화를 가꾸는 아홉 가지 약속, 어깨동무 평화 선언, 어린이 행복 선언

2012년 어린이 운동사에서 기억해야 할 세 가지 선언이 나왔다. 첫 번째는 6월 22일에 어린이도서연구회에서 책 읽는 아이로 기르는 독서길잡이로 펴낸 작은 책자 〈아이와 함께 책 읽는 기쁨을 느껴 보세요〉에 담은 '책 읽는 문화를 가꾸는 아홉 가지 약속'이다. 두 번째는 6월 25일에 전쟁의 날을 '평화를 다짐하는 날'로 승화시키자는 염원을 담아 어린이어깨동무에서 발표한 '2012년 어깨동무 평화 선언'이다. 세 번째는 10월 21일에 공동육아와 공동체교육에서 발표한 '어린이 행복 선언'이다.

이 세 선언문은 '새 천년 어린이 선언'을 더 구체화시킨 것이다.

책 읽는 문화를 가꾸는 아홉 가지 약속

• 텔레비전을 끄고 책을 읽어 주세요.

- 학급문고를 좋은 책으로 바꿔 주세요.
- 커피타임에 책모임을 가져요.
- 학교 도서관 자원 활동에 참여해요.
- 학원을 줄이고 뒹굴거릴 시간을 주세요.
- 아이와 함께 도서관에 놀러 가요.
- 책은 읽을 사람이 보고 골라요.
- 스마트폰으로부터 아이들을 지켜 주세요.
- 동네 책방에 단골이 되어 주세요.

이 아홉 가지를 아이들과 어른들이 약속하고, 조금씩 넓혀 나가면서 실천한다면 우리 독서 문화가 훨씬 더 좋아질 수 있다. 하루저녁마다 한 시간만이라도 텔레비전을 끄고 부모와 자녀가 서로 책을 읽어 주거나, 뒹굴뒹굴하며 몸과 마음이 편하게 놀 수 있는 시간이 필요하다. 동네책방이 살아나야 부모와 아이들이 가까운 책방에서 좋은 책을 자유롭게 살 수 있다. 하나하나 작은 이야기지만 올바른 독서 문화를 만들고, 삶을 풍요롭게 바꿀 수 있는 길이다.

어깨동무 평화 선언

평화는 머리에 채워 넣는 지식이나 관념으로 이룰 수 있는 게 아니다. 몸으로 체험하면서 만들어 나가는 것이다. 어릴 때부터 스스로 생활문화 속에서 자연스럽게 녹아 몸으로 스며들어야 한다. 모든 전쟁은 가진 자들이 더 갖고 싶어 하는 욕심이 뿌리다. 그러나 지식이나 관념으로 평화를 외치는 먹물들이 그럴싸하게 포장하면서 동조하기 때문에 일어난다.

어린이어깨동무에서 발표한 '어깨동무 평화 선언'은 6·25전쟁 반세기를 넘어 발표하는 선언이라 뒤늦기는 했지만 한반도에 드리운 먹구름을 헤치는 한 줄기 빛이 되기를 바란다고 했다.

■ 어린이들 다짐

하나. 어느 친구한테도 험한 말을 쓰거나, 폭력적인 행동을 하지 않겠습니다.

하나. 총이나 칼 같은 장난감을 갖고 놀거나, 싸움이나 전쟁놀이 같은 폭력적인 게임을 멀리 하겠습니다.

하나. 힘없는 친구를 따돌리지 않고, 힘든 친구에게 내가 먼저 다가가겠습니다.

하나. 북녘에 있는 어린이들을 내 친구로 알고, 나의 것을 그들과 나누겠습니다.

■ 어른들 다짐

하나. 내 아이를 경쟁의 장보다는 함께 어울릴 수 있는 장에 더 많이 있게 하겠습니다.

하나. 우리 아이들에게 총이나 칼 같은 장난감이나 전쟁놀이가 담긴 게임기를 지니지 않게 하겠습니다.

하나. 우리 사회의 아픔이 있는 곳에 몸과 마음을 다해 가까이 다가가
　　겠습니다.
하나. 내 아이의 미래뿐만 아니라 북녘 어린이들의 미래를 위해서도
　　최선을 다하겠습니다.

　이 선언문에 나오는 것처럼 아이들이 생활에서 전쟁놀이나
집단 따돌림을 경험하지 않는 것이 평화를 몸으로 익히는 길이
다. 어려운 이웃과 나눔을 실천하는 일이 평화를 몸으로 익히는
길인 것이다.

어린이 행복 선언

　공동육아와 공동체교육에서 발표한 '어린이 행복 선언'은 전
국에 있는 공동육아 가족들이 모여 잔치를 벌이는 '공동육아 한
마당'에서 선언한 것이다. 70여 곳 공동육아협동조합 어린이와
교사와 부모들한테 행복 선언에 넣고 싶은 글을 모았고, 그렇게
모은 내용을 정리해서 아홉 가지 내용을 담아 선언문을 만들었
다.
　어린이들은 태어날 때부터 행복할 권리를 갖고 세상에 나오
기 때문에 우리 아이들 모두가 행복한 세상에서 살 수 있도록
어른들이 먼저 행동으로 나설 때라며 하나씩 마음에 새기고 실
천하자고 다짐했다.

어린이들이 써 넣은 내용으로 완성된 '어린이 행복 선언'
인쇄물

1. 마음껏 신나게 놀고 나면 행복해요. 놀 곳과 놀 시간을 주세요.

2. 포근하게 안아 주면 행복해요. 많이 많이 안아 주세요.

3. 하늘을 보고 꽃을 보면 행복해요. 자연과 더불어 살게 해 주세요.

4. 맛있는 걸 먹을 때 행복해요. 좋은 먹을거리를 주세요.

5. 책을 읽어 줄 때 행복해요. 재미있는 책을 읽어 주세요.

6. 어른들이 기다려 줄 때 행복해요. 잘 못하고 느려도 기다려 주세요.

7. 제 말을 귀담아 들어줄 때 행복해요. 제 이야기를 들어주세요.

8. 제 힘으로 무엇을 했을 때 행복해요. 저 혼자 할 수 있게 해 주세요.

9. 어른들이 행복해야 우리도 행복해요. 모두 함께 행복하게 해 주세요.

10. (여러분이 채워 주세요.)

마지막 열 번째 선언은 행사하는 날 참가한 사람들이 저마다 써 넣기로 했는데, 그 가운데 '다른 아이들이 행복해야 저도 행복해요. 모든 아이들이 저처럼 행복하게 해 주세요'가 채택되었다. 그날 과천종합청사 운동장을 가득 메우고 뛰어놀던 아이들은 행복했다. 나아가 다른 모든 아이들도 함께 행복하기를 바라는 마음이 담겨 있다.

이 땅에 사는 모든 아이들, 그리고 모든 어른들이 평화롭게 풍요로운 문화를 자유롭게 누리면서 행복한 삶을 사는 세상을 꿈꾼다.

참고자료

• 책

김정래, 《아동권리향연》, 교육과학사, 2002년

김정의, 《한국소년운동사》, 민족문화사, 1992년

김정의, 《한국의 소년운동》, 혜안, 1999년

김형수, 《문익환 평전》, 실천문학사, 2004년

님 웨일즈, 《아리랑》, 동녘, 2005년

리영희, 《역정 나의 청년 시대》, 한길사, 2006년

마암 분교 아이들 시, 백창우 곡, 《예쁘지 않은 꽃은 없다》, 보리, 2003년

민주주의 사회연구소, 《양서협동조합운동》, 대성출판사, 2011년

방정환, 《칠칠단의 비밀》, 사계절, 1999년

선경식, 《민족의 참 교육자 학산 윤윤기》, 한길사, 2007년

세광출판사 편집국, 《한국동요전집》1-5권, 세광출판사, 1981년

안경식, 《소파 방정환의 아동교육 운동과 사상》, 학지사, 1994년

오도엽, 《전태일 불꽃이 된 노동자》, 한겨레아이들, 2010년

윤석연, 《4·19혁명》, 한겨레틴틴, 2010년

윤석중, 《어린이와 한평생》, 범양사, 1985년

이오덕, 《삶을 가꾸는 어린이문학》, 고인돌, 2010년

이오덕, 《삶 문학 교육》, 고인돌, 2013년

이오덕, 《우리말로 살려놓은 민주주의》, 지식산업사, 1997년

이오덕, 《이 아이들을 어찌할 것인가》, 청년사, 1977

이오덕, 《이 지구에 사람이 없다면 얼마나 얼마나 아름다운 지구가 될까?》, 고인돌, 2011년

이오덕, 《일하는 아이들》, 청년사, 1978년

이원수, 《5월의 노래》, 창비, 2002년

이원수, 《숲 속 나라》, 웅진닷컴, 2003년

이주영 엮음, 《별님동무 고기동무》, 우리교육, 1997년

이향지 엮음, 《윤극영 전집》 1-2, 현대문학, 2004년

정인섭, 《색동회 어린이 운동사》, 학원사, 1975년

탁아제도와 미래의 어린이 양육을 걱정하는 모임, 《우리 아이들의 육아현실
과 미래》, 한울, 1991년

홍영위, 《4·19혁명 통사》 1-10, 천지창조, 2010년

• 기타

잡지 〈어린이〉, 개벽사

〈동아일보〉, 1924년 7월 7일 기사

어린이도서연구회 자료 〈어린이도서연구회 20년사〉, 2000년

공동육아와 공동체교육 회보 〈공동육아〉

사진 도움 준 곳

22쪽,   어린이날 포스터, 독립기념관
23쪽,   어린이날 포스터, 독립기념관
26쪽,   〈어린이〉 표지, 왼쪽 이주영, 오른쪽 천도교중앙총부
27쪽,   〈어린이〉 표지, 천도교중앙총부
37쪽,   진주 소년 운동 빗돌, 진주교육지원청 강인영
45쪽,   어린이날 포스터, 독립기념관
49쪽,   방정환 무덤, 홍영혜
51쪽,   충주소년단, 독립기념관
56쪽,   웨스팅스 한인 소년병학교, 독립기념관
63쪽,   해방 뒤 첫 어린이날, 독립기념관
74쪽,   2·28대구학생 시위, 2·28대구민주운동기념사업회
78쪽,   수원 지역 어린이 시위, 4·19혁명기념도서관
79쪽,   수송초등학교 어린이 시위, 4·19혁명기념도서관
82쪽,   전태일 부조, 김소원
115,   공동육아 한마당, 공동육아와 공동체교육
125,   북녘 어린이, 어린이어깨동무
133,   새 천년 어린이 선언 기념식, 이주영
134,   새 천년 어린이 선언 행진, 이주영
136,   새 천년 어린이 선언 행사, 어린이어깨동무
141,   이오덕 '새와 산' 시비, 송정희
166,   동네 책방 '개똥이네 책놀이터' 행사, 개똥이네 책놀이터
171,   《반달》 동요곡집, 근대서지학회 김현식
177,   〈어린이〉에 실린 '반달', 이주영
185,   '어린이날' 노래 가사, 독립기념관
212,   일산 '알모' 서점 어린이들, 알모 서점
213,   부산 '책과 아이들' 서점 전시회, 책과 아이들 서점
214,   광명 '동원' 서점 모습, 송추향
235,   어린이 행복 선언, 공동육아와 공동체교육

살아 있는 교육 31

어린이 문화 운동사

2014년 3월 24일 1판 1쇄 펴냄

글쓴이 이주영

편집 김로미, 김소원, 유문숙, 이경희, 조성우
디자인 나모에디트
제작 심준엽
누리집 위희진
영업·홍보 백봉현, 안명선, 양병희, 이옥한, 정영지, 조병범, 최민용
경영 지원 유이분, 전범준, 한선희
제판·인쇄·제본 (주)상지사P&B

펴낸이 윤구병
펴낸 곳 (주)도서출판 보리
출판 등록 1991년 8월 6일 제 9-279호
주소 413-120 경기도 파주시 직지길 492
전화 031-955-3535 | **전송** 031-950-9501
누리집 www.boribook.com
전자우편 bori@boribook.com

값 13,000원

보리는 나무 한 그루를 베어 낼 가치가 있는지 생각하며 책을 만듭니다.

ISBN 978-89-8428-842-3 03370

이 도서의 국립중앙도서관 출판시도서목록(CIP)은 서지정보유통지원시스템 홈페이지(http://seoji.nl.go.kr)와
국가자료공동목록시스템(http://www.nl.go.kr/kolisnet)에서 이용하실 수 있습니다.
(CIP제어번호 : CIP2014008418)